Das große Wilhelm Busch Album in Farbe

garant Verlag GmbH
Benzstraße 56
71272 Renningen
www.garant-verlag.de

ISBN 978–3–7359–1552–8

Das große
Wilhelm Busch
Album in Farbe

Inhaltsangabe

Max und Moritz

Eine Bubengeschichte in sieben Streichen

Vorwort

Ach, was muss man oft von bösen
Kindern hören oder lesen!!
Wie zum Beispiel hier von diesen,
Welche Max und Moritz hießen;

Die, anstatt durch weise Lehren
Sich zum Guten zu bekehren,
Oftmals noch darüber lachten
Und sich heimlich lustig machten. –
Ja, zur Übeltätigkeit,
Ja, dazu ist man bereit! –
Menschen necken, Tiere quälen,
Äpfel, Birnen, Zwetschen stehlen –
Das ist freilich angenehmer
Und dazu auch viel bequemer,
Als in Kirche oder Schule
Festzusitzen auf dem Stuhle. –
Aber wehe, wehe, wehe!
Wenn ich auf das Ende sehe!! –
Ach, das war ein schlimmes Ding,
Wie es Max und Moritz ging. –
Drum ist hier, was sie getrieben,
Abgemalt und aufgeschrieben.

Erster Streich

Mancher gibt sich viele Müh
Mit dem lieben Federvieh;
Einesteils der Eier wegen,
Welche diese Vögel legen,
Zweitens: weil man dann und wann
Einen Braten essen kann;
Drittens aber nimmt man auch
Ihre Federn zum Gebrauch
In die Kissen und die Pfühle,
Denn man liegt nicht gerne kühle. –

Seht, da ist die Witwe Bolte,
Die das auch nicht gerne wollte.

Ihre Hühner waren drei
Und ein stolzer Hahn dabei. –

Max und Moritz dachten nun:
Was ist hier jetzt wohl zu tun? –
Ganz geschwinde, eins, zwei, drei,
Schneiden sie sich Brot entzwei,

In vier Teile jedes Stück

Wie ein kleiner Finger dick.
Diese binden sie an Fäden,
Übers Kreuz, ein Stück an jeden,
Und verlegen sie genau
In den Hof der guten Frau. –
Kaum hat dies der Hahn gesehen,
Fängt er auch schon an zu krähen:

Kikeriki! Kikikerikih!! –
Tak, tak, tak! – da kommen sie.

Hahn und Hühner schlucken munter
Jedes ein Stück Brot hinunter;

Aber als sie sich besinnen,
Konnte keines recht von hinnen.

In die Kreuz und in die Quer
Reißen sie sich hin und her,

Flattern auf und in die Höh,
Ach herrje, herrjemine!

Ach, sie bleiben an dem langen,
Dürren Ast des Baumes hangen. –
Und ihr Hals wird lang und länger,
Ihr Gesang wird bang und bänger;

Jedes legt noch schnell ein Ei,
Und dann kommt der Tod herbei. –

Witwe Bolte in der Kammer
Hört im Bette diesen Jammer;

Ahnungsvoll tritt sie heraus:
Ach, was war das für ein Graus!

„Fließet aus dem Aug, ihr Tränen!
All mein Hoffen, all mein Sehnen,
Meines Lebens schönster Traum
Hängt an diesem Apfelbaum!!“

Tief betrübt und sorgenschwer
Kriegt sie jetzt das Messer her;
Nimmt die Toten von den Strängen,
Dass sie so nicht länger hängen,

Und mit stummem Trauerblick
Kehrt sie in ihr Haus zurück. –

Dieses war der erste Streich,
Doch der zweite folgt sogleich.

Erster Streich

Als die gute Witwe Bolte
Sich von ihrem Schmerz erholte,
Dachte sie so hin und her,
Dass es wohl das Beste wär,
Die Verstorb'nen, die hienieden
Schon so frühe abgeschieden,
Ganz im Stillen und in Ehren
Gut gebraten zu verzehren. –
Freilich war die Trauer groß,
Als sie nun so nackt und bloß
Abgerupft am Herde lagen,
Sie, die einst in schönen Tagen
Bald im Hofe, bald im Garten
Lebensfroh im Sande scharrten. –

Ach, Frau Bolte weint aufs Neu,
Und der Spitz steht auch dabei. –
Max und Moritz rochen dieses;
„Schnell aufs Dach gekrochen!“, hieß es.

Durch den Schornstein mit Vergnügen
Sehen sie die Hühner liegen,

Die schon ohne Kopf und Gurgeln
Lieblich in der Pfanne schmurgeln. –

Eben geht mit einem Teller
Witwe Bolte in den Keller,
Dass sie von dem Sauerkohle
Eine Portion sich hole,
Wofür sie besonders schwärmt,
Wenn er wieder aufgewärmt. –
Unterdessen auf dem Dache
Ist man tätig bei der Sache.
Max hat schon mit Vorbedacht
Eine Angel mitgebracht. –
Schnupdiwup! da wird nach oben
Schon ein Huhn heraufgehoben.
Schnupdiwup! jetzt Numro zwei;
Schnupdiwup! jetzt Numro drei;

Und jetzt kommt noch Numro vier:
Schnupdiwup! dich haben wir!! –
Zwar der Spitz sah es genau.
Und er bellt: Rawau! Rawau!

Aber schon sind sie ganz munter
Fort und von dem Dach herunter. –
Na! Das wird Spektakel geben,
Denn Frau Bolte kommt soeben;
Angewurzelt stand sie da,
Als sie nach der Pfanne sah.

Alle Hühner waren fort –
„Spitz!!" – das war ihr erstes Wort. –

„Oh, du Spitz, du Ungetüm!!
Aber wart! ich komme ihm!!!"
Mit dem Löffel groß und schwer,
geht es über Spitzen her;

Laut ertönt sein Wehgeschrei,
Denn er fühlt sich schuldenfrei. –

Max und Moritz im Verstecke
Schnarchen aber an der Hecke
Und vom ganzen Hühnerschmaus
Guckt nur noch ein Bein heraus.

Dieses war der zweite Streich,
Doch der dritte folgt sogleich.

DRITTER STREICH

Jedermann im Dorfe kannte
Einen, der sich Böck benannte. –

Alltagsröcke, Sonntagsröcke,
Lange Hosen, spitze Fräcke,
Westen mit bequemen Taschen,
Warme Mäntel und Gamaschen –
Alle diese Kleidungssachen
Wusste Schneider Böck zu machen. –
Oder wäre was zu flicken,
Abzuschneiden, anzustücken,
Oder gar ein Knopf der Hose
Abgerissen oder lose –
Wie und wo und was es sei,
Hinten, vorne, einerlei –
Alles macht der Meister Böck,
Denn das ist sein Lebenszweck. –
Drum so hat in der Gemeinde
Jedermann ihn gern zum Freunde. –
Aber Max und Moritz dachten,
Wie sie ihn verdrießlich machten. –

Nämlich vor des Meisters Hause
Floss ein Wasser mit Gebrause.

Übers Wasser führt ein Steg
Und darüber geht der Weg. –

Max und Moritz, gar nicht träge,
Sägen heimlich mit der Säge,
Ritzeratze! voller Tücke,
In die Brücke eine Lücke. –

Als nun diese Tat vorbei,
Hört man plötzlich ein Geschrei:

„He, heraus! du Ziegen-Böck!
Schneider, Schneider, meck, meck, meck!!“ –
Alles konnte Böck ertragen,
Ohne nur ein Wort zu sagen;
Aber wenn er dies erfuhr,
Ging's ihm wider die Natur.

Schnelle springt er mit der Elle
Über seines Hauses Schwelle,
Denn schon wieder ihm zum Schreck
Tönt ein lautes: „Meck, meck, meck!!“

Und schon ist er auf der Brücke,
Kracks! die Brücke bricht in Stücke;

Wieder tönt es: „Meck, meck, meck!“
Plumps! Da ist der Schneider weg!

Grad als dieses vorgekommen,
Kommt ein Gänsepaar geschwommen,
Welches Böck in Todeshast
Krampfhaft bei den Beinen fasst.

Beide Gänse in der Hand,
Flattert er auf trocknes Land. –

Übrigens bei alledem
Ist so etwas nicht bequem:

Wie denn Böck von der Geschichte
Auch das Magendrücken kriegte.

Hoch ist hier Frau Böck zu preisen!
Denn ein heißes Bügeleisen,

Auf den kalten Leib gebracht,
Hat es wieder gut gemacht. –
Bald im Dorf hinauf, hinunter,
Hieß es: Böck ist wieder munter!!

Dieses war der dritte Streich,
Doch der vierte folgt sogleich.

Vierter Streich

Also lautet ein Beschluss:
Dass der Mensch was lernen muss. –
Nicht allein das Abc
Bringt den Menschen in die Höh;
Nicht allein im Schreiben, Lesen
Übt sich ein vernünftig Wesen;
Nicht allein in Rechnungssachen
Soll der Mensch sich Mühe machen;
Sondern auch der Weisheit Lehren
Muss man mit Vergnügen hören. –

Dass dies mit Verstand geschah,
War Herr Lehrer Lämpel da. –

Max und Moritz, diese beiden,
Mochten ihn darum nicht leiden;
Denn wer böse Streiche macht,
Gibt nicht auf den Lehrer Acht. –

Nun war dieser brave Lehrer
Von dem Tobak ein Verehrer,
Was man ohne alle Frage
Nach des Tages Müh und Plage
Einem guten, alten Mann
Auch von Herzen gönnen kann. –

Max und Moritz, unverdrossen,
Sinnen aber schon auf Possen.
Ob vermittelst seiner Pfeifen
Dieser Mann nicht anzugreifen. –

Einstens, als es Sonntag wieder
Und Herr Lämpel brav und bieder
In der Kirche mit Gefühle
Saß vor seinem Orgelspiele,
Schlichen sich die bösen Buben
In sein Haus und seine Stuben,
Wo die Meerschaumpfeife stand;
Max hält sie in seiner Hand;

Aber Moritz aus der Tasche
Zieht die Flintenpulverflasche,
Und geschwinde, stopf, stopf, stopf!
Pulver in den Pfeifenkopf. –
Jetzt nur still und schnell nachhaus,
Denn schon ist die Kirche aus. –

Eben schließt in sanfter Ruh
Lämpel seine Kirche zu;
Und mit Buch und Notenheften,
Nach besorgten Amtsgeschäften,

Lenkt er freudig seine Schritte
Zu der heimatlichen Hütte,

Und voll Dankbarkeit sodann,
Zündet er sein Pfeifchen an.

„Ach!“ – spricht er – „die größte Freud
Ist doch die Zufriedenheit!! – ”

Rums!! – Da geht die Pfeife los
Mit Getöse, schrecklich groß,
Kaffeetopf und Wasserglas,

Tobaksdose, Tintenfass,
Ofen, Tisch und Sorgensitz –
Alles fliegt im Pulverblitz. –

Als der Dampf sich nun erhob,
Sieht man Lämpel, der – gottlob!
Lebend auf dem Rücken liegt;
Doch er hat was abgekriegt.

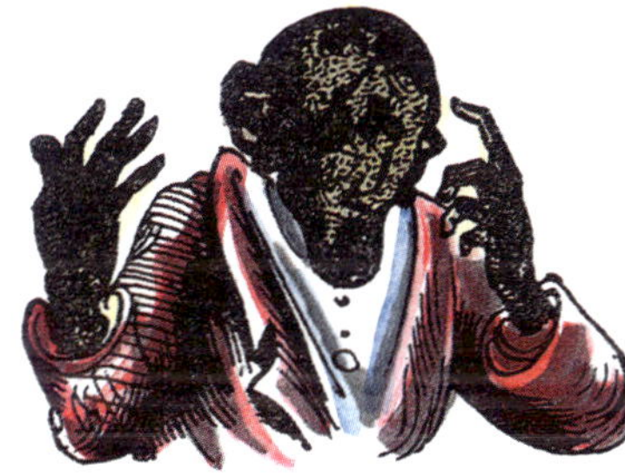

Nase, Hand, Gesicht und Ohren
Sind so schwarz als wie die Mohren,
Und des Haares letzter Schopf
Ist verbrannt bis auf den Kopf. –

Wer soll nun die Kinder lehren
Und die Wissenschaft vermehren?
Wer soll nun für Lämpel leiten
Seine Amtestätigkeiten?
Woraus soll der Lehrer rauchen,
Wenn die Pfeife nicht zu brauchen??

Mit der Zeit wird alles heil,
Nur die Pfeife hat ihr Teil.

Dieses war der vierte Streich,
Doch der fünfte folgt sogleich.

FÜNFTER STREICH

Wer im Dorfe oder Stadt
Einen Onkel wohnen hat,
Der sei höflich und bescheiden,
Denn das mag der Onkel leiden. –
Morgens sagt man: „Guten Morgen!
Haben Sie was zu besorgen?“
Bringt ihm, was er haben muss:
Zeitung, Pfeife, Fidibus.
Oder sollt’ es wo im Rücken
Drücken, beißen oder zwicken,
Gleich ist man mit Freudigkeit
Dienstbeflissen und bereit. –

Oder sei’s nach einer Prise,
Dass der Onkel heftig niese,
Ruft man: „Prosit!“ alsogleich,
„Danke, wohl bekomm es Euch!“ –
Oder kommt er spät nachhaus,
Zieht man ihm die Stiefel aus,
Holt Pantoffel, Schlafrock, Mütze,
Dass er nicht im Kalten sitze, –
Kurz, man ist darauf bedacht,
Was dem Onkel Freude macht. –

Max und Moritz ihrerseits
Fanden darin keinen Reiz. –
Denkt euch nur, welch schlechten Witz
Machten sie mit Onkel Fritz! –

Jeder weiß, was so ein Mai-
Käfer für ein Vogel sei.
In den Bäumen hin und her
Fliegt und kriecht und krabbelt er.

Max und Moritz, immer munter,
Schütteln sie vom Baum herunter.

In die Tüte von Papiere
Sperren sie die Krabbeltiere. –

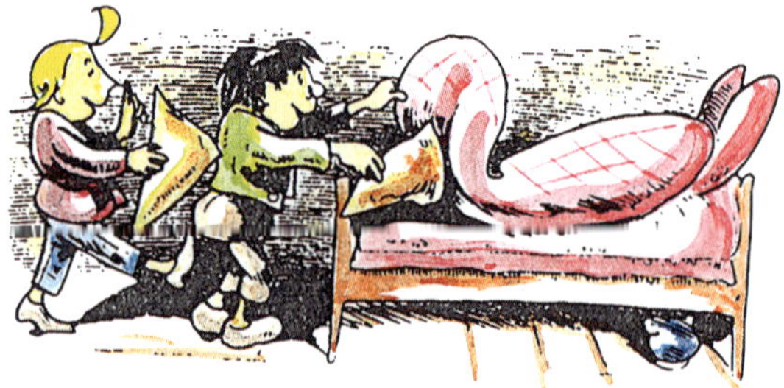

Fort damit, und in die Ecke
Unter Onkel Fritzens Decke!!!

Bald zu Bett geht Onkel Fritze
In der spitzen Zippelmütze;

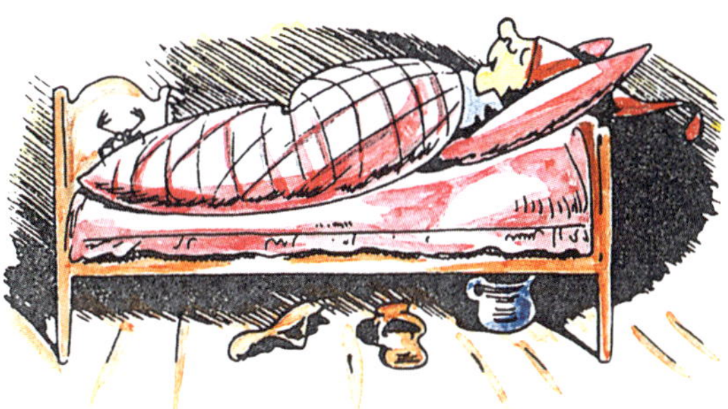

Seine Augen macht er zu,
Hüllt sich ein und schläft in Ruh'.

Doch die Käfer, kritze, kratze!
Kommen schnell aus der Matratze.

Schon fasst einer, der voran,
Onkel Fritzens Nase an.

„Bau!!" schreit er – „Was ist das hier?!!"
Und erfasst das Ungetier.

Und den Onkel, voller Grausen,
Sieht man aus dem Bette sausen.

„Autsch!!“ – schon wieder hat er einen
Im Genicke, an den Beinen;

Hin und her und rundherum
Kriecht es, fliegt es mit Gebrumm.

Onkel Fritz, in dieser Not,
Haut und trampelt alles tot.

Guckste wohl! Jetzt ist’s vorbei
Mit der Käferkrabbelei!!

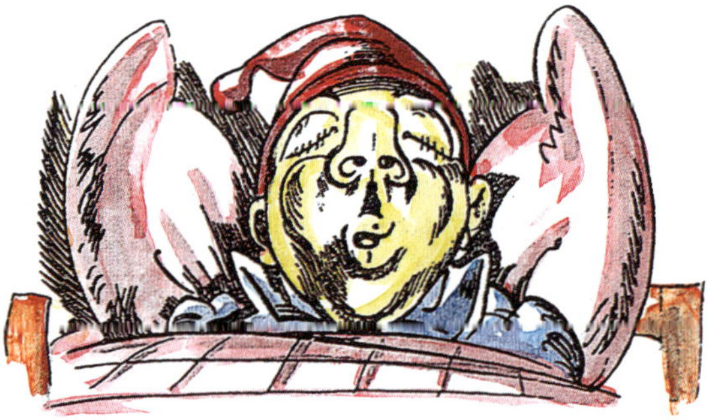

Onkel Fritz hat wieder Ruh’
Und macht seine Augen zu.

Dieses war der fünfte Streich,
Doch der sechste folgt sogleich.

Sechster Streich

In der schönen Osterzeit,
Wenn die frommen Bäckersleut
Viele süße Zuckersachen
Backen und zurechtemachen,
Wünschten Max und Moritz auch
Sich so etwas zum Gebrauch. –

Doch der Bäcker, mit Bedacht,
Hat das Backhaus zugemacht.

Also, will hier einer stehlen,
Muss er durch den Schlot sich quälen. –

Ratsch!! – Da kommen die zwei Knaben
Durch den Schornstein, schwarz wie Raben.

Puff! – Sie fallen in die Kist,
Wo das Mehl darinnen ist.

Da! Nun sind sie alle beide
Rundherum so weiß wie Kreide.

Aber schon mit viel Vergnügen
Sehen sie die Brezeln liegen.

Knacks!! – Da bricht der Stuhl entzwei.

Schwapp!! – Da liegen sie im Brei.

Ganz von Kuchenteig umhüllt
Stehn sie da als Jammerbild. –

Gleich erscheint der Meister Bäcker
Und bemerkt die Zuckerlecker.

Eins, zwei, drei! – eh man's gedacht,
Sind zwei Brote draus gemacht.

In dem Ofen glüht es noch –
Ruff!! – damit ins Ofenloch!

Ruff!! Man zieht sie aus der Glut;
Denn nun sind sie braun und gut. –

Jeder denkt: „Die sind perdü!“
Aber nein! – noch leben sie! –

Knusper knasper! – Wie zwei Mäuse
Fressen sie durch das Gehäuse;

Und der Meister Bäcker schrie:
„Ach herrje! da laufen sie!!“ –

Dieses war der sechste Streich,
Doch der letzte folgt sogleich.

Letzter Streich

Max und Moritz, wehe euch!
Jetzt kommt euer letzter Streich! –

Wozu müssen auch die beiden
Löcher in die Säcke schneiden?? –

Seht, da trägt der Bauer Mecke
Einen seiner Maltersäcke. –

Aber kaum, dass er von hinnen,
Fängt das Korn schon an zu rinnen.

Und verwundert steht und spricht er:
„Zapperment! Dat Ding wird lichter!“

Hei! Da sieht er voller Freude
Max und Moritz im Getreide.

Rabs!! – In seinen großen Sack
Schaufelt er das Lumpenpack.

Max und Moritz wird es schwüle,
Denn nun geht es nach der Mühle. –

„Meister Müller, he, heran!
Mahl er das, so schnell er kann!“

„Her damit!!“ Und in den Trichter
Schüttet er die Bösewichter. –

Rickeracke! Rickeracke!
Geht die Mühle mit Geknacke.

Hier kann man sie noch erblicken
Fein geschroten und in Stücken.

Doch sogleich verzehret sie
Meister Müllers Federvieh.

Schluss

Als man dies im Dorf erfuhr,
War von Trauer keine Spur.
Witwe Bolte, mild und weich,
Sprach: „Sieh da, ich dacht es gleich!“
„Ja, ja, ja!“, rief Meister Böck,
„Bosheit ist kein Lebenszweck!“
Drauf, so sprach Herr Lehrer Lämpel:
„Dies ist wieder ein Exempel!“
„Freilich!“, meint der Zuckerbäcker,
„Warum ist der Mensch so lecker?!“
Selbst der gute Onkel Fritze
Sprach: „Das kommt von dumme Witze!“
Doch der brave Bauersmann
Dachte: „Wat geiht meck dat an?!“
Kurz, im ganzen Ort herum
Ging ein freudiges Gebrumm:
„Gott sei Dank! Nun ist’s vorbei
Mit der Übeltäterei!!“

Die kühne Müllers-tochter

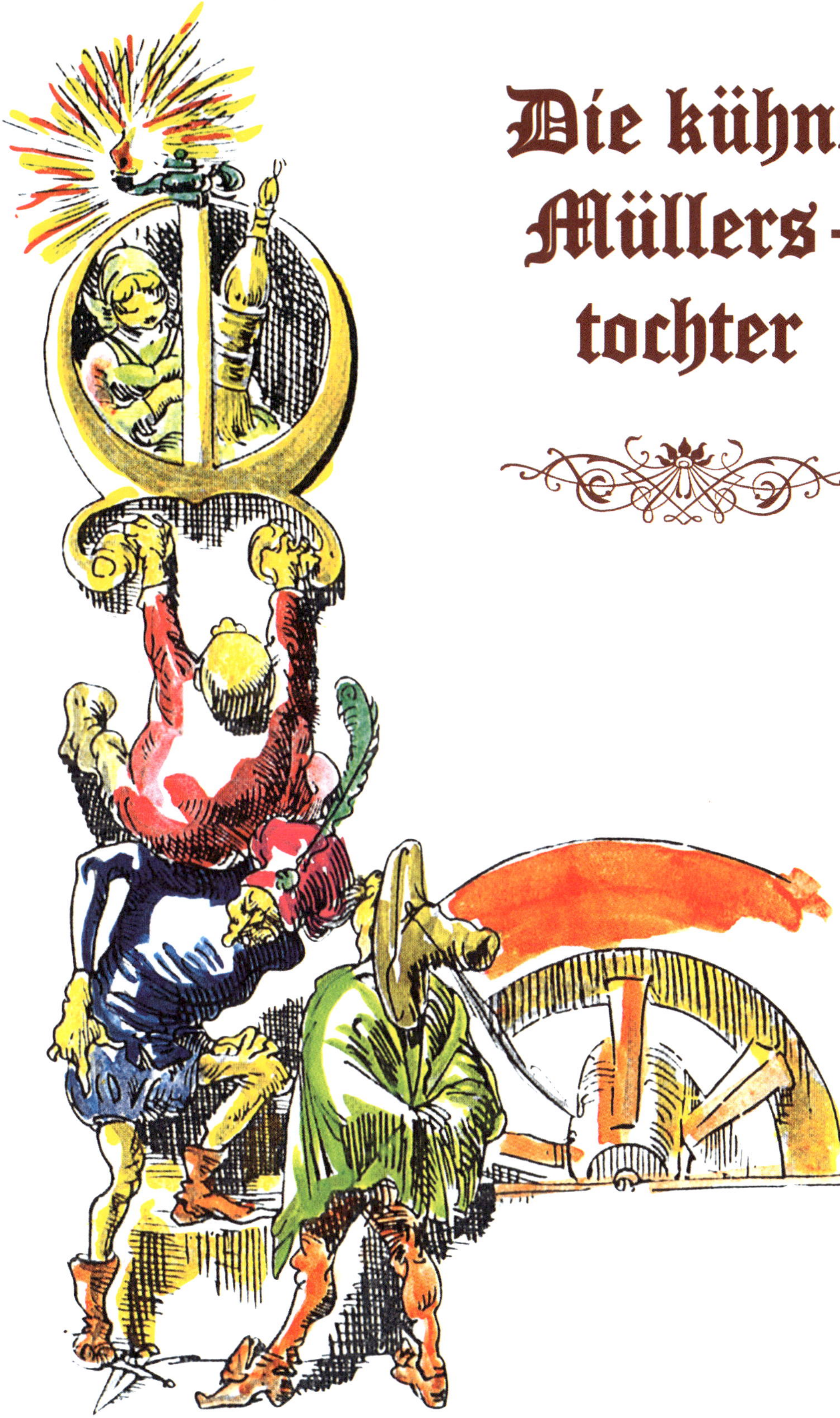

Es heult der Sturm, die Nacht ist graus,
Die Lampe schimmert im Müllerhaus.

Da schleichen drei Räuber wild und stumm –
Husch, husch, pist, pist! – ums Haus herum.

Die Müllerstochter spinnt allein,
Drei Räuber schaun zum Fenster herein.

Der zweite will Blut, der dritte will Gold,
Der erste, der ist dem Mädel hold.

Und als der erste steigt herein,
Da hebt das Mädchen den Mühlenstein.

Und – patsch! – der Räuber lebt nicht mehr,
Der Mühlstein druckt ihn gar zu sehr.

Doch schon erscheint mordgierig-heiter
Und steigt durchs Loch der Räuber zweiter.

Ha! Hu! – Er ist, eh er's gewollt,
Wie Rollenknaster aufgerollt.

Jetzt aber naht mit kühnem Schritte
Voll Goldbegierigkeit der dritte.

Schnapp! – ist der Hals ihm eingeklommen;
Er stirbt, weil ihm die Luft benommen.

So starben die drei ganz unverhofft,
O Jüngling! Da schau her!
So bringt ein einzig Mädchen oft
Drei Männer ins Malheur!!!

Hans Huckebein, der Unglücksrabe

So sehr sein Ende mich bewegt,
Ich durft' es anders nicht vermelden. –
Er stirbt – denn tragisch angelegt
War der Charakter dieses Helden.

Gar manches ist vorherbestimmt;
Das Schicksal führt ihn in Bedrängnis;
Doch wie er sich dabei benimmt,
Ist seine Schuld und nicht Verhängnis.

Drum bleibt's dabei! – Denn die Moral
Ist hier kein leeres Wortgeklingel –
Und lebte er auch noch einmal,
Er bliebe doch der alte Schlingel!

Hier sieht man Fritz, den muntern Knaben,
Nebst Huckebein, dem jungen Raben.

Und dieser Fritz, wie alle Knaben,
Will einen Raben gerne haben.

Schon rutscht er auf dem Ast daher,
Der Vogel, der misstraut ihm sehr.

Schlapp! macht der Fritz von seiner Kappe
Mit Listen eine Vogelklappe.

Beinahe hätt er ihn! Doch ach!
Der Ast zerbricht mit einem Krach.

In schwarzen Beeren sitzt der Fritze,
Der schwarze Vogel in der Mütze.

Der Knabe Fritz ist schwarz betupft;
Der Rabe ist in Angst und hupft.

Der schwarze Vogel ist gefangen,
Er bleibt im Unterfutter hangen.

„Jetzt hab ich dich, Hans Huckebein!
Wie wird sich Tante Lotte freun!“

Die Tante kommt aus ihrer Tür;
„Ei!“ – spricht sie – „Welch ein gutes Tier!“

Kaum ist das Wort dem Mund entflohn,
Schnapp! hat er ihren Finger schon.

„Ach!“ – ruft sie – „Er ist doch nicht gut!
Weil er mir was zu Leide tut!“

Hier lauert in des Topfes Höhle
Hans Huckebein, die schwarze Seele.

Den Knochen, den er Spitz gestohlen,
Will dieser jetzt sich wieder holen.

Sie ziehn mit Knurren und Gekrächz,
Der eine links, der andre rechts.

Schon denkt der Spitz, dass er gewinnt,
Da zwickt der Rabe ihn von hint'.

O weh! Er springt auf Spitzens Nacken,
Um ihm die Haare auszuzwacken.

Der Spitz, der ärgert sich bereits
Und rupft den Raben seinerseits.

Derweil springt mit dem Schinkenbein
Der Kater in den Topf hinein.

Da sitzen sie und schaun und schaun. –
Dem Kater ist nicht sehr zu traun.

Der Kater hackt den Spitz, der schreit,
Der Rabe ist voll Freudigkeit.

Schnell fasst er, weil der Topf nicht ganz,
Mit schlauer List den Katerschwanz.

Es rollt der Topf. Es krümmt voll Quale
Des Katers Schweif sich zur Spirale.

Und Spitz und Kater fliehn im Lauf. –
Der größte Lump bleibt obenauf!! –

Nichts Schönres gab's für Tante Lotte
Als Schwarze-Heidelbeer-Kompotte.

Doch Huckebein verschleudert nur
Die schöne Gabe der Natur.

Die Tante naht voll Zorn und Schrecken;
Hans Huckebein verlässt das Becken.

Und schnell betritt er, angstbeflügelt,
Die Wäsche, welche frisch gebügelt.

O weh! Er kommt ins Tellerbord;
Die Teller rollen rasselnd fort.

Auch fällt der Korb, worin die Eier –
Ojemine! – und sind so teuer!

Patsch! fällt der Krug. Das gute Bier
Ergießt sich in die Stiefel hier.

Und auf der Tante linken Fuß
Stürzt sich des Eimers Wasserguss.

Sie hält die Gabel in der Hand,
Und auch der Fritz kommt angerannt.

Perdums! Da liegen sie. – Dem Fritze
Dringt durch das Ohr die Gabelspitze.

Dies wird des Raben Ende sein –
So denkt man wohl –, doch leider nein!

Denn – schnupp! – der Tante Nase fasst er;
Und nochmals triumphiert das Laster!

Jetzt aber naht sich das Malheur,
Denn dies Getränke ist Likör.

Es duftet süss. – Hans Huckebein
Taucht seinen Schnabel froh hinein.

Und lässt mit stillvergnügtem Sinnen
Den ersten Schluck hinunterrinnen.

Nicht übel! – Und er taucht schon wieder
Den Schnabel in die Tiefe nieder.

Er hebt das Glas und schlürft den Rest,
Weil er nicht gern was übrig lässt.

Ei, ei! Ihm wird so wunderlich,
So leicht und doch absunderlich.

Er krächzt mit freudigem Getön
Und muss auf einem Beine stehn.

Der Vogel, welcher sonsten fleugt,
Wird hier zu einem Tier, was kreucht.

Und Übermut kommt zum Beschluss,
Der alles ruinieren muss.

Er zerrt voll roher Lust und Tücke
Der Tante künstliches Gestricke.

Der Tisch ist glatt – der Böse taumelt –
Das Ende naht – sieh da! Er baumelt!

„Die Bosheit war sein Hauptpläsier,
Drum“ – spricht die Tante – „hängt er hier!“

Das Bad am Samstagabend

Hier sieht man Bruder Franz und Fritzen
Zu zweit in einer Wanne sitzen.

Die alte Lene geht – und gleich
Da treibt man lauter dummes Zeug.

Denn Reinlichkeit ist für die zwei
Am Ende doch nur Spielerei. –

Jetzt will der Fritz beim Untertauchen
Nur seinen einen Finger brauchen.

Natürlich läuft ihm was ins Ohr,
Dem Franz kommt dieses lustig vor.

Das ärgert aber Bruder Fritzen,
Drum fängt er an den Franz zu spritzen.

Doch der, mit seiner großen Zehe,
Tut Fritzen an der Nase wehe;

Dafür taucht Fritz den Kopf ihm nieder,
Was so im Wasser sehr zuwider.

Franz aber zieht an Fritzens Bein;
Der zappelt sehr und kann nicht schrein.

Die Wanne wird zu enge
Für dieses Kampfgedränge.

In Mund und Auge, zornentbrannt,
Greift jetzt die rachbegier'ge Hand.

Perdatsch!! – Die alte, brave Lene
Kommt leider grad zu dieser Szene.

Sie spricht voll Würde und voll Schmerz:
„Die Reinlichkeit ist nicht zum Scherz!!“

Und die Moral von der Geschicht:
Bad zwei in einer Wanne nicht!

Der Schreihals

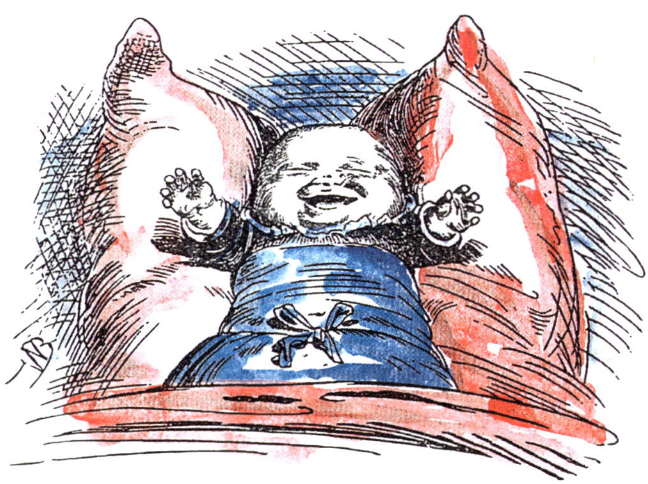

H „Da, Lina, zieh ihm’s Nachtzeug an,
Dass ich die Flasche wärmen kann.“

Die Mutter geht und eh sie scheidet,
Wird Willi schon des Hemds entkleidet.

Die Wäscherei gefällt ihm nicht,
Vor allen Dingen im Gesicht.

Doch schreit er nicht und hält ganz still
Und lässt sich pudern, wo man will.

Kaum aber schnüret man ihn ein,
So fängt er auch schon an zu schrein.

Habäh! – So tönt sein Wehgeschrei
Und lockt den Vater selbst herbei.

„Hier, halt ihn eben mal, Papa!
Ich geh und rufe die Mama!“

Der Vater trommelt an den Scheiben,
Um Willis Trauer zu vertreiben.

Er lässt ihn in den Spiegel schaun.
Der Willi schreit, bis dass er braun.

„Horch, Willi, horch, die Ticktackuhr!“ –
Der Willi schreit noch ärger nur.

„Susu, mein Herz! Schlaf ein, schlaf ein!“
Er fängt noch lauter an zu schrein.

Mit List zeigt er die Zipfelhauben –
Umsonst! – der Willi will’s nicht glauben.

Jetzt macht er einen Butzemann. –
O weh! – Nun geht's noch schlimmer an.

Die Mutter öffnet grad die Tür:
„Mein Herz! Was machen sie mit dir?!"

Die Mutter macht ein ernst' Gesicht:
„Ja, was ist das? – Auch dieses nicht?!"

Grad kommt die Tante auf Visite
Und ruft erschreckt: „Du meine Güte!" –

Voll Weisheit öffnet sie den Bund. –
Da haben wir's! – Das war der Grund! –

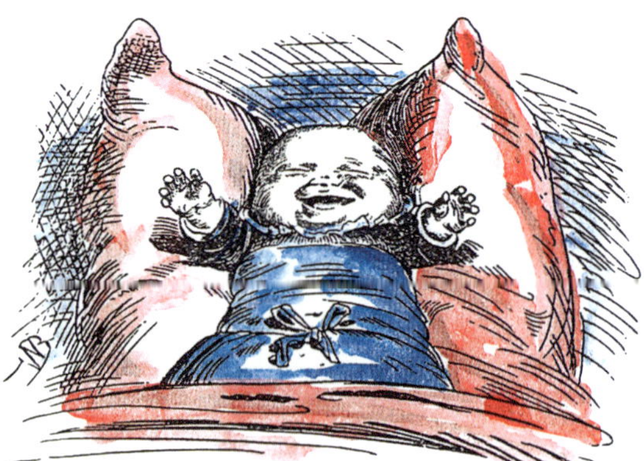

Und Willi, der von Schmerz befreit,
Lacht laut vor lauter Heiterkeit.

Das Pusterohr

Hier sitzt Herr Bartelmann im Frei'n
Und taucht sich eine Brezel ein.

Der Franz mit seinem Pusterohr
Schießt Bartelmann ans linke Ohr.

Ei, Zapperment, so denkt sich der,
Das kam ja wohl von unten her.

Doch nein – denkt er –, es kann nicht sein!
Und taucht die Brezel wieder ein.

Und – witsch – getroffen ist die Brezen,
Herrn Bartelmann erfasst Entsetzen.

Und – witsch – jetzt trifft die Kugel gar
Das Aug', das sehr empfindlich war,

Sodass dem braven Bartelmann
Die Träne aus dem Auge rann.

Ei, Zapperment – so denkt sich der –,
Das kommt ja wohl von oben her! –

Aujau! Er fällt – denn mit Geblase
Schießt Franz den Pfeil ihm in die Nase.

Da denkt Herr Bartelmann, aha!
Dies spitze Ding, das kenn ich ja!

Und freudig kommt ihm der Gedanke,
Der Franz steht hinter dieser Planke!

Und – klapp! schlägt er mit seinem Topf
Das Pusterohr tief in den Kopf!

Drum schieß mit deinem Püsterich
Auf keine alten Leute nicht!

Die Prise

Der Herr Direktor sitzt beim Wein
Und schaut gar sehr verdrießlich drein.

Das wohl geübte Fingerpaar
Erfasst so viel, als möglich war.

Das Auge schweift ins Grenzenlose;
Die Hand greift nach der Tabaksdose.

Und sparsam, selbst im Überfluss,
Vertieft er sich in den Genuss.

Zwar fühlt er sich zunächst geniert,
Weil er nur halbe Wirkung spürt.

Doch soll ein mildes Nasenreiben
Die Sache fördern und betreiben.

Auch wird das Sacktuch, blau geblümt,
Als Nasenfeile sehr gerühmt.

Und hilft auch alles dieses nicht,
So hilft ein Blick ins Sonnenlicht.

Die Spannung steigt, der Drang wird groß –
Nur still! Gebt Acht! – Gleich drückt er los!

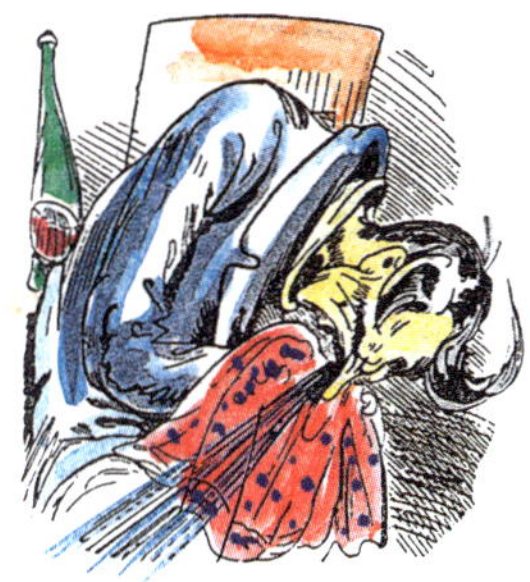

Haptschi! – Wer schnupft und dieses hört,
Der findet es beneidenswert.

Denn was die Seele dumpf umhüllt,
Wird plötzlich heiter, klar und mild.

Ja! – Sehr erheitert uns die Prise,
Vorausgesetzt, dass man auch niese!

Fipps, der Affe

ANFANG

Pegasus, du alter Renner,
Trag mich mal nach Afrika,
Alldieweil so schwarze Männer
Und so bunte Vögel da.

Kleider sind da wenig Sitte;
Höchstens trägt man einen Hut,
Auch wohl einen Schurz der Mitte;
Man ist schwarz und damit gut. –

Dann ist freilich jeder bange,
Selbst der Affengreis entfleucht,
Wenn die lange Brillenschlange
Zischend von der Palme kreucht.

Kröten fallen auf den Rücken,
Ängstlich wird das Bein bewegt;
Und der Strauß muss heftig drücken,
Bis das große Ei gelegt.

Krokodile weinen Tränen,
Geier sehen kreischend zu;
Sehr gemein sind die Hyänen;
Schäbig ist der Marabu.

Nur die Affen, voller Schnacken,
Haben Vor- und Hinterhand;
Emsig mümmeln ihre Backen;
Gerne hockt man beieinand'.

Papa schaut in eine Stelle,
Onkel kratzt sich sehr geschwind,
Tante kann es grad so schnelle,
Mama untersucht das Kind.

Fipps – so wollen wir es nennen. –
Aber wie er sich betrug,
Wenn wir ihn genauer kennen,
Ach, das ist betrübt genug.

Selten zeigt er sich beständig,
Einmal hilft er aus der Not;
Anfangs ist er recht lebendig,
Und am Schlusse ist er tot.

ERSTES KAPITEL

Der Fipps, das darf man wohl gestehn,
Ist nicht als Schönheit anzusehn.

Was ihm dagegen Wert verleiht,
Ist Rührig- und Betriebsamkeit.
Wenn wo was los, er darf nicht fehlen;

Was ihm beliebt, das muss er stehlen;
Wenn wer was macht, er macht es nach;
Und Bosheit ist sein Lieblingsfach.

Es wohnte da ein schwarzer Mann,
Der Affen fing und briet sie dann.

Besonders hat er junge gern,
Viel lieber als die ältern Herrn.
„Ein alter Herr ist immer zäh!"
So spricht er oft und macht: „Bäbä!"

Um seine Zwecke zu erfüllen,
Wählt er drei leere Kürbishüllen.
Für auf den Kopf die große eine,
Für an die Hände noch zwei kleine.

So kriecht er in ein Bündel Stroh,

Macht sich zurecht und wartet so. –
Dies hat nun allerdings den Schein,
Als ob hier schöne Früchte sei'n.

Fipps, der noch nie so große sah,
Kaum sieht er sie, so ist er da.

Er wählt für seinen Morgenschmaus
Sich gleich die allergrößte aus.

Doch wie er oben sich bemüht,
Erfasst ihn unten wer und zieht,
Bis dass an jeder Hinterhand
Ringsum ein Kürbis sich befand.

So denkt ihn froh und nach Belieben
Der böse Mann nach Haus zu schieben.

An dieses Mannes Nase hing
Zu Schmuck und Zier ein Nasenring.
Fipps fasst den Reif mit seinem Schweif.
Der Schwarze wird vor Schrecken steif.

Die Nase dreht sich meh're Male
Und bildet eine Qualspirale.

Jetzt biegt der Fipps den langen Ast,
Bis er den Ring der Nase fasst.

Dem Neger wird das Herze bang,
Die Seele kurz, die Nase lang.

Am Ende gibt es einen Ruck,
Und oben schwebt der Nasenschmuck.

Der Schwarze aber aß seit dieser
Begebenheit fast nur Gemüser.

Zweites Kapitel

Natürlich lässt Fipps die ekligen Sachen,
Ohne neidisch zu sein, von anderen machen.
Dagegen aber, wenn einer was tut,
Was den Anschein hat, als tät es ihm gut,
Gleich kommt er begierig und hastig herbei,
Um zu prüfen, ob's wirklich so angenehm sei.

Mal saß er an des Ufers Rand
Auf einer Palme, die dorten stand.
Ein großes Schiff liegt auf dem Meer;
Vom Schiffe schaukelt ein Kahn daher.

Im kleinen Kahn, da sitzt ein Mann,
Der hat weder Schuhe noch Stiefel an;
Doch vor ihm steht ganz offenbar
Ein großes und kleines Stiefelpaar.

Das kleine, das er mit sich führt,
Ist innen mit pappigem Pech beschmiert;

Und wie der Mann an das Ufer tritt,
Bringt er die zwei Paar Stiefel mit.

Er trägt sie sorglich unter dem Arm
Und jammert dabei, dass es Gott erbarm.

Kaum aber ziehet der Trauermann
Sich einen von seinen Stiefeln an,
So mildern sich schon ganz augenscheinlich
Die Schmerzen, die noch vor Kurzem so peinlich,

Und gar bei Stiefel Numero zwei
Zeigt er sich gänzlich sorgenfrei.

Dann sucht er im fröhlichen Dauerlauf
Den kleinen Nachen wieder auf
Und lässt aus listig bedachtem Versehn
Das kleine Paar Stiefel am Lande stehn.

Ratsch, ist der Fipps vom Baum herunter,
Ziehet erwartungsvoll und munter

Die Stiefel an seine Hinterglieder,
Und schau! Der lustige Mann kommt wieder.

O weh! Die Stiefel an Fippsens Bein
Stören die Flucht. Man holt ihn ein.

Vergebens strampelt er ungestüm,
Der Schiffer geht in den Kahn mit ihm.

Zum Schiffe schaukelt und strebt der Kahn,
Das Schiff fährt über den Ozean,
Und selbiger Mann (er schrieb sich Schmidt)
Nimmt Fipps direkt nach Bremen mit.

Drittes Kapitel

Zu Bremen lebt gewandt und still
Als ein Friseur der Meister Krüll,

Und jedermann in dieser Stadt,
Wer Haare und wer keine hat,
Geht gern zu Meister Krüll ins Haus
Und kommt als netter Mensch heraus.
Auch Schmidt lässt sich die Haare schneiden.
Krüll sieht den Affen voller Freuden,

Er denkt: Das wäre ja vor mir
Und meine Kunden ein Pläsier.
Und weil ihn Schmidt veräußern will,
So kauft und hat ihn Meister Krüll.
Es kam mal so und traf sich nun,
Dass Krüll, da anders nichts zu tun,
In Eile, wie er meistens tat,
Das Seitenkabinett betrat,
Wo er die Glanzpomade kocht,
Perücken baut und Zöpfe flocht,
Kurz, wo die kunstgeübte Hand
Vollendet, was der Geist erfand.
Zur selben Zeit erscheint im Laden,
Mit dünnem Kopf und dicken Waden,

Der schlicht behaarte Bauer Dümmel,
Sitzt auf dem Sessel, riecht nach Kümmel

Und hofft getrost, dass man ihn schere,
Was denn auch wirklich nötig wäre.
Wipps – sitzt der Fipps auf seinem Nacken,
Um ihm die Haare abzuzwacken.

Die Schere zwickt, die Haare fliegen;
Dem Dümmel macht es kein Vergnügen.

Oha! Das war ein scharfer Schnitt,
Wodurch des Ohres Muschel litt.

„Hör upp!“, schreit Dümmel schmerzensbange.
Doch schon hat Fipps die Kräuselzange.

Das Eisen glüht, es zischt das Ohr,
Ein Dampfgewölk steigt draus hervor.

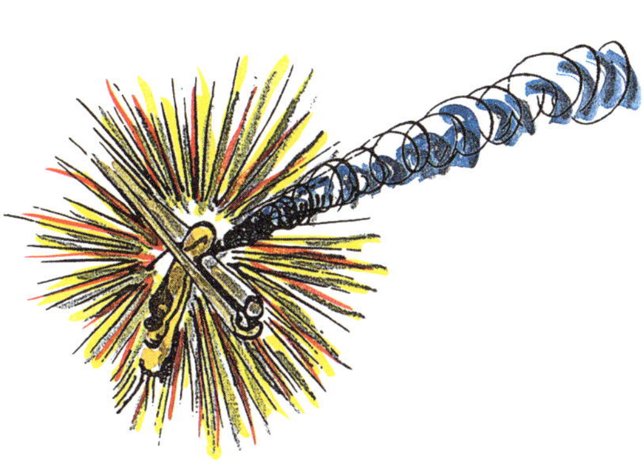

Die Schönheit dieser Welt verschwindet,
Und nur der Schmerz zieht, bohrt und mündet
In diesen einen Knotenpunkt,

Den Dümmel hier ins Wasser tunkt. –

Der Meister kommt. –
Hoch schwingt die Rechte,
Wie zum Gefechte, eine Flechte.

Der Spiegel klirrt, die Hand erlahmt;
Der Meister Krüll ist eingerahmt.

Mir scheint, ich bin hier unbeliebt!
Denkt Fipps, der sich hinwegbegibt.

Viertes Kapitel

Dämmerung war es, als Adele
Mit dem Freunde ihrer Seele,
Der so gerne Pudding aß,
Traulich bei der Tafel saß.

„Pudding“, sprach er, „ist mein Bestes!“
Drum zum Schluss des kleinen Festes
Steht der wohlgeformte große
Pudding mit der roten Soße
Braun und lieblich duftend da,
Was der Freund mit Wonne sah.

Aber, ach du meine Güte,
Plötzlich stockt das Herzgeblüte. –

Angelockt von Wohlgerüchen
Hat sich Fipps herbeigeschlichen,
Um mit seinen gier'gen Händen
Diesen Pudding zu entwenden,
Hergestellt mit großem Fleiß.

Ätsch! Die Sache ist zu heiß! –

Ärgerlich ist solche Hitze.
Schlapp! Der Freund hat eine Mütze

Tief bis über beide Backen.
Platsch! Und in Adelens Nacken,
Tief bis unten in das Mieder,
Rinnt die rote Soße nieder.

So wird oft die schönste Stunde
In der Liebe Seelenbunde
Durch Herbeikunft eines Dritten
Mittendurch- und abgeschnitten;
Und im Innern wehmutsvoll
Tönt ein dumpfes Kolleroll!

FÜNFTES KAPITEL

Für Fipps wird es dringende Essenszeit. –
Mit fröhlicher Gelenkigkeit
Durch eine Seitengasse entflieht er
Und schleicht in den Laden von einem Konditer.

Da gibt es schmackhafte Kunstgebilde,
Nicht bloß härtliche, sondern auch milde;
Da winken Krapfen und Mohrenköpfe,
Künstlich geflochtene Brezen und Zöpfe;
Auch sieht man da für gemischtes Vergnügen
Mandeln, Rosinen et cetera liegen. –

„Horch!“, ruft voll Sorge Konditor Köck.
„Was rappelt da zwischen meinem Gebäck?“

Die Sorge wandelt sich in Entsetzen,
Denn da steht Fipps mit Krapfen und Brezen.
Die Brezen trägt er in einer Reih'
Auf dem Schwanz, als ob es ein Stecken sei,
Und aufgespießt, gleich wie auf Zapfen,
An allen vier Daumen sitzen die Krapfen.

Zwar Köck bemüht sich, dass er ihn greife
Hinten bei seinem handlichen Schweife,
Doch weil er soeben den Teig gemischt,
So glitscht er ab und der Dieb entwischt.

Nichts bleibt ihm übrig als lautes Gebröll,
Und grad kommt Mieke, die alte Mamsell.

Unter hellem Gequieke fällt diese Gute
Platt auf die Steine mit Topf und Tute.
Durch ihre Beine eilt Fipps im Sprunge.
Ihn wirft ein schwärzlicher Schusterjunge

Mit dem Stulpenstiefel, der frisch geschmiert,
Sodass er die schönen Krapfen verliert.

Auch wartet ein Bettelmann auf der Brücken
Mit einem Buckel und zween Krücken.

Derselbe verspürt ein großes Verlangen,
Die Brezeln vermittels der Krücke zu fangen;

Dies kommt ihm aber nicht recht zunütze,
Denn Fipps entzieht ihm die letzte Stütze. –
Da liegt er nun wie ein Käfer am Rücken. –
Fipps aber begibt sich über die Brücken
Und eilet gar sehr beängstigt und matt
Mit der letzten Brezel aus dieser Stadt. –
Schon ist es dunkel und nicht geheuer,

Er schwingt sich über ein Gartengemäuer.
Hier hofft er auf angenehm nächtliche Ruh'.

Klapp – schnappt die eiserne Falle zu. –

Sofort tritt aus dem Wohngebäude
Ein Herr und äußert seine Freude.
„Aha!“ So ruft er. „Du bist wohl der,
Der Hühner stiehlt? Na, denn komm her!“

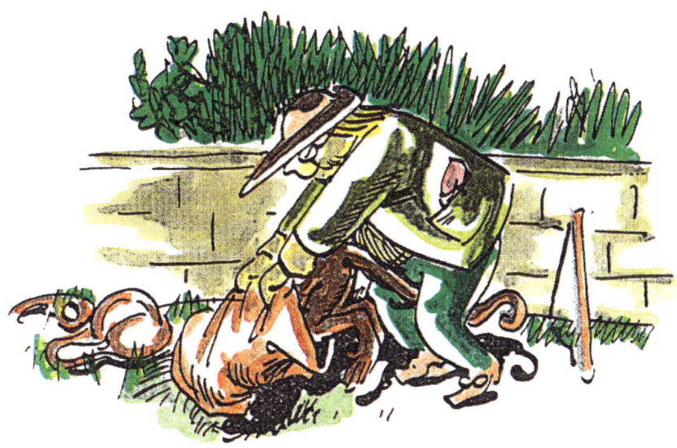

Hiermit schiebt er ihn vergnüglich
In einen Sack. Und unverzüglich

Ohne jede weitre Besichtigung
Beginnt er die schmerzhafte Züchtigung.

Drauf schließt er ihn für alle Fälle
In einen der leeren Hühnerställe,
Damit er am andern Morgen sodann
Diesen Bösewicht näher besichtigen kann.

Sechstes Kapitel

Wer vielleicht zur guten Tat
Keine rechte Neigung hat,
Dem wird Fasten und Kastein
Immerhin erfrischend sein. –

Als der Herr von gestern Abend,
Fest und wohl geschlafen habend
(Er heißt nämlich Doktor Fink),
Morgens nach dem Stalle ging,
Um zu sehn, wen er erhascht –
Ei, wie ist er überrascht,
Als bescheiden, sanft und zahm,
Demutsvoll und lendenlahm,

Fipps aus seinem Sacke steigt,
Näher tritt und sich verneigt.

Lächelnd reicht Frau Doktorin
Ihm den guten Apfel hin,
Und das dicke, runde, fette,
Nette Kindermädchen Jette
Mit der niedlichen Elise,
Ei herrje! Wie lachten diese. –

Zwei nur finden's nicht am Platze;
Schnipps, der Hund, und Gripps, die Katze,
Die nicht ohne Missvertrauen
Diesen neuen Gast beschauen.
Fipps ist aber recht gelehrig
Und beträgt sich wie gehörig.
Morgens früh, so flink er kann,
Steckt er Fink die Pfeife an.

Fleißig trägt er dürre Reiser,
Ja, Kaffee zu mahlen weiß er,
Und sobald man musiziert,
Horcht er still, wie sich's gebührt.
Doch sein innigstes Vergnügen
Ist, Elisen sanft zu wiegen,
Oder, falls sie mal verdrossen,
Zu erfreun durch schöne Possen.

Kurz, es war sein schönster Spaß,
Wenn er bei Elisen saß.
Dafür kriegt er denn auch nun
Aus verblümtem Zitzkattun
Eine bunte und famose
Hinten zugeknöpfte Hose;
Dazu, reizend von Geschmack,
Einen erbsengrünen Frack;

Und so ist denn gegenwärtig
Dieser hübsche Junge fertig.

Sechstes Kapitel

Elise schläft in ihren Wiegen.
Fipps passt geduldig auf die Fliegen. –
Indessen denkt die runde Jette,
Was sie wohl vorzunehmen hätte;

Sieht eine Wespe, die verirrt
Am Fenster auf und nieder schwirrt,

Und treibt das arme Stacheltier
In eine Tute von Papier.

Sanft lächelnd reicht sie ihm die Tute,
Damit er Gutes drin vermute.

Er öffnet sie geschickt und gern,
Denn jeder Argwohn liegt ihm fern.

Schnurr pick! Der Stachel sitzt im Finger.
Der Schmerz ist gar kein so geringer.

Doch Fipps hat sich alsbald gefasst,
Zermalmt das Ding, was ihm verhasst,

Setzt sich dann wieder an die Wiegen
Und passt geduldig auf die Fliegen. –
Vor allem eine ist darunter,
Die ganz besonders frech und munter.
Jetzt sitzt sie hier, jetzt summt sie da,
Bald weiter weg, bald wieder nah.

Jetzt krabbelt sie auf Jettens Jacke,

Jetzt wärmt sie sich auf Jettens Backe.
Das gute Kind ist eingenickt.
Kein Wunder, wenn sie nun erschrickt,

Denn, schlapp! Die Fliege traf ein Hieb,

Woran sie starb und sitzen blieb. –
Fipps aber hockt so friedlich da,
Als ob dies alles nicht geschah,

Und schließet seine Augen zu
Mit abgefeimter Seelenruh'.

ACHTES KAPITEL

Kaum hat mal einer ein bissel was,
Gleich gibt es welche, die ärgert das. –
Fipps hat sich einen Knochen stibitzt,
Wo auch noch ziemlich was drannen sitzt.

Neidgierig hocken im Hintergrund
Gripps, der Kater, und Schnipps, der Hund.

Wauwau! Sie sausen von ihrem Platze.
Happs! macht der Hund, kritzekratze! die Katze,

Dass Fipps in ängstlichem Seelendrang
Eilig auf einen Schrank entsprang,
Allwo man aufbewahren tät
Mancherlei nützliches Handgerät.

Und Gripps, der Kater, und Schnipps, der Hund,
Schleichen beschämt in den Hintergrund.

Fipps aber knüpft mit der Hand gewandt
Den Knochen an ein Band, das er fand,
Und schlängelt dasselbe voller List
Durch einen Korb, welcher löchrich ist.

Sogleich folgt Gripps dem Bratengebein

Bis tief in das Korbgeflecht hinein.

Schwupp – hat ihn der Fipps drin festgedrückt,
Und mit der Zange, die beißt und zwickt,
Entfernt er sorgsam die scharfen Klauen.

Ach, wie so kläglich muss Gripps miauen,
Denn grade in seinen Fingerspitzen
Hat er die peinlichsten Nerven sitzen.

Jetzt wird auch noch der Schweif gebogen
Und durch des Korbes Henkel gezogen.
Mit einer Klammer versieht er ihn,
Damit er nicht leichtlich herauszuziehn.
Schnipps, der Hund, schnappt aber derweilen
Den Knochen und möchte von dannen eilen.

Dieses gelingt ihm jedoch nicht ganz,
Denn Fipps erwischt ihn bei seinem Schwanz

Und schwingt ihn solchermaßen im Kreis,
Bis er nichts Gescheits mehr zu denken weiß.

Hiernach, gewissermaßen als Schlitten,
Zieht er ihn durch des Hofes Mitten

Und lässt ihn dorten mal soeben
Über dem Abgrund des Brunnens schweben,
Wo ein schwäch- und ängstlich Gemüt
Nur ungern hängt und hinuntersieht.

Drauf so führt er ihn hinten nach
An des Daches Rinne bis auf das Dach

Und lehnt ihn über den Schlot allhier.
Daraus geht ein merklicher Dampf herfür. –

Dem Auge höchst peinlich ist der Rauch,
Auch muss man niesen und husten auch,
Und schließlich denkt man nichts weiter als bloß:
Jetzt wird's mir zu dumm, und ich lasse los.
So wird dieser Rauch immer stärker und stärker,
Schnipps fällt rücküber und auf den Erker.

Und Gripps, der grad aus der Luke fährt,

Fühlt plötzlich, ihm wird der Korb beschwert.

Hulterpulter, sie rumpeln in großer Hast
Vom Dach und baumeln an einem Ast.

Hier trennt man sich nicht ohne Pein.

Und jeder ist wieder für sich allein.

Seitdem war Fipps von diesen zween
Als Meister verehrt und angesehn.

Neuntes Kapitel

Mit Recht erscheint uns das Klavier,
Wenn's schön poliert, als Zimmerzier.
Ob's außerdem Genuss verschafft,
Bleibt hin und wieder zweifelhaft.

Auch Fipps fühlt sich dazu getrieben,
Die Kunst in Tönen auszuüben.
Er zeigt sich wirklich sehr gewandt,
Selbst mit der linken Hinterhand.

Und braucht er auch die Rechte noch,
Den Apfel, den genießt er doch.

Zu Kattermäng gehören zwei,
Er braucht sich bloß allein dabei.

Piano klingt auf diese Weise
Besonders innig, weich und leise.

Jetzt stimmen ein mit Herz und Mund
Der Kater Gripps und Schnipps, der Hund.

Bei dem Duett sind stets zu sehn
Zwei Mäuler, welche offen stehn.

Oft wird es einem sehr verdacht,
Wenn er Geräusch nach Noten macht.

Der Künstler fühlt sich stets gekränkt,
Wenn's anders kommt, als wie er denkt.

ZEHNTES KAPITEL

Wöhnlich im Wechselgespräch
Beim angenehm schmeckenden Portwein

Saßen Professor Klöhn und Fink,
der würdige Doktor.
Aber jener beschloss, wie folgt,
die belehrende Rede:
„O verehrtester Freund!
Nichts gehet doch über die hohe
Weisheit der Mutter Natur. –
Sie erschuf ja so mancherlei Kräuter,

Harte und weiche zugleich,
doch Letztere mehr zu Gemüse.
Auch erschuf sie die Tiere,
erfreulich, harmlos und nutzbar;

Hüllte sie außen in Häute,
woraus man Stiefel verfertigt,

Füllte sie innen mit Fleisch
von sehr beträchtlichem Nährwert;
Aber erst ganz zuletzt,
damit er es dankend benutze,
Schuf sie des Menschen Gestalt
und verlieh ihm die Öffnung des Mundes.
Aufrecht stehet er da,
und alles erträgt er mit Würde.“

Also sprach der Professor,
erhub sich und setzte den Hut auf

Wehe, die Nase hernieder,
ins Mundloch rieselt die Tinte.

Wehe, durch Gummi verklebt,
fest haftet das nützliche Sacktuch.

Drohend mit Zorngebärde
erhebt er den schlanken Spazierstock.

Autsch! Ein schmerzlich Geflecht
umschlingt den schwellenden Daumen.

Hastig begibt er sich fort;
indessen die Würde ist mäßig.

Elftes Kapitel

Wie gewöhnlich liest die Jette
Wieder nachts in ihrem Bette.

Auf dem Kopf hat sie die Haube,
In der Hand die Gartenlaube.
Hieran will sie sich erfreun,

Duselt, nickt und schlummert ein.
An das Unschlittkerzenlicht,
Daran denkt sie freilich nicht. –
Erst brennt nur die Zeitungsecke.

Dann der Vorhang, dann die Decke.
Schließlich brennt das ganze Haus;

Unten läuft man schon heraus. –

Vater Fink, er läuft nicht schlecht,
Trägt den treuen Stiefelknecht.

Mutter Fink, besorgt vor allen,
Rettet ihre Mausefallen.

Jette schwebt vom Fensterrand;
Sie ist etwas angebrannt.

Doch sie sinkt ins Regenfass,

Wo es drinnen kühl und nass. –

Also sicher wären diese. –
Aber ach, wo ist Elise?

Seht nach oben! Fipps, der Brave,
Hält das Kind, was fest im Schlafe.

Aus dem Fenster, hoch im Raume,
Schwingt er sich zum nächsten Baume.

Höchst besorgt wie eine Amme
Rutscht er abwärts an dem Stamme.

Sanft legt er Elisen nieder.
Sie hat ihre Eltern wieder;

Und die Flasche steht dabei,
Falls Elise durstig sei. –

Zehntes Kapitel

Fink hat versichert, Gott Lob und Dank,
Bei der Aachener Feuerversicherungs-Bank,
Und nach zwei Jahren so ungefähr
Wohnt er weit schöner als wie vorher. –

Fipps natürlich, der hat es seitdem
In jeder Hinsicht sehr angenehm. –

Dies aber wird ihm im höchsten Grad
Unerträglich und wirklich fad.
Denn, leider Gottes, so ist der Schlechte,
Dass er immer was anderes möchte,
Auch hat er ein höchst verruchtes Gelüst,
Grad so zu sein, wie er eben ist.

Mal traf es sich, dass die Familie Fink
Zusammen aus- und spazieren ging,
Um nebst Besorgung von anderen Sachen
Professor Klöhn einen Besuch zu machen. –

Fipps sehnt sich förmlich nach bösen Streichen.
Sein Plan steht fest. Er will entweichen.

Schon ist er im Feld. Die Hasen fliehn.
Einen Wanderer sieht man des Weges ziehn.

Sehr heftig erschrickt der Wandersmann.
Die Töpfersfrau geht still voran.

Zuweilen fällt das Topfgeschirr,
Und dann zerbricht es mit großem Geklirr.
In jenem Haus da, so fügt's der Himmel,
Wohnt grad der bewusste Bauer Dümmel;

Und Dümmels Küchlein piepsen bang,
Denn Fipps zieht ihnen die Hälse lang.

Da steht auch Dümmels kleiner Sohn
Mit dem Butterbrot. –

Fipps hat es schon.

Des kleinen Dümmels durchdringender Schrei
Lockt seine erschrockene Mutter herbei.

Mit den Schreckensworten: „Da kummt de Dübel!“
Fällt sie in einen dastehenden Kübel.

Doch Dümmel schreit und kennt ihn gleich wieder:
„Dat is de verdammtige Haaresnieder!“
Schnell fasst er die Flinte, ein Schießeding,
Was da seit anno fünfzehn hing.

Auch versammeln sich eilig von jeglicher Seite
Die Nachbarsleute, gerüstet zum Streite.

Sie alle machen großmächtige Schritte,
Und plötzlich ruft einer: „Kiek, kiek, da sitt'e!“

Jetzt harrt ein jeglicher ängstlich und stumm.

Dümmel legt an. – Er zielt. – Er – drückt. –
Dann geht es: Wumm!

Groß ist der Knall und der Rückwärtsstoß,
Denn jahrelang ging diese Flinte nicht los.

Ende

Wehe! Wehe! Dümmel zielte wacker.
Fipps muss sterben, weil er so ein Racker. –
Wie durch Zufall kommen alle jene,
Die er einst gekränkt, zu dieser Szene.
Droben auf Adelens Dienersitze
Thront der Schwarze mit dem Nasenschlitze.

Miecke, Krüll und Köck mit seinem Bauch,
Wandrer, Töpfersfrau, der Bettler auch;
Alle kommen, doch von diesen allen
Lässt nicht einer eine Träne fallen,
Auch ist eine solche nicht zu sehn
In dem Auge von Professor Klöhn,
Der mit Fink und Frau und mit Elisen
Und mit Jetten wandelt durch die Wiesen.
Nur Elise fasste Fippsens Hand,
Während ihr das Aug' voll Tränen stand.
„Armer Fipps!" So spricht sie herzig treu.
Damit stirbt er. Alles ist vorbei.
Man begrub ihn hinten in der Ecke,
Wo in Finkens Garten an der Hecke
All die weißen Doldenblumen stehn.
Dort ist, sagt man, noch sein Grab zu sehn.
Doch, dass Kater Gripps und Schnipps, der Hund,
Ganz untröstlich, sagt man ohne Grund.

Der Fuchs

Die Bäurin hat ein Huhn erstochen,
Um Supp mit Huhn davon zu kochen.
Der Bauer sprach: Das gibt'n Jux!
Mit diesem Huhn fang ich den Fuchs!

Vors Loch der Mauer stellt er schlau
Die Schlinge heimlich und genau.

Grad denkt der Fuchs: Was ist zu tun?
Ich stehle irgendwo ein Huhn!

Und wie er da was Gutes riecht
Und durch das Loch der Mauer kriecht –
O weh! Der Schreck ist nicht geringe –
Er hat das Huhn, ihn hat die Schlinge.
Schon kommt in froher Hast und Eile
Der Bauer mit dem langen Beile.

Indessen kroch und schlüpfte flugs
Durchs Loch zurück der schlaue Fuchs.
Draus sitzt der Fuchs, drin steht der Bauer,
Dazwischen steht die Gartenmauer.

Er steigt hinauf; er hat von oben
Zum wucht'gen Hieb das Beil erhoben.

Doch unbedacht, weil er in Zorn,
Zieht ihn der Hieb zu sehr nach vorn.

Drin sitzt der Fuchs, draus liegt der Bauer,
Dazwischen steht die Gartenmauer.

Er läuft nach innen durch das Tor.
Das Ding ist wieder wie zuvor.

Er sieht, es geht nicht so allein;
Drum fängt er heftig an zu schrein:
„Catrine, Catrine!
Komm raus, wir haben ihne!“

Sie kommt begierig angerannt,
Die Ofengabel in der Hand.
Jetzt, Meister Fuchs, musst du erliegen,
Wenn sie dich in die Mitte kriegen.

Schnell fährt er auf die Bäurin los.
Zu langsam war der Gabelstoß.
Weh aber, wenn sie noch mal sticht!

Der Fuchs kehrt um und wartet nicht. –
Der Bauer fasst mit aller Kraft
Das Beil und zielt gewissenhaft.

Trotz alledem zerhaut er bloß
Die Schlinge, und der Fuchs ist los.
Der Fuchs beschleunigt seinen Schritt
Und nimmt auch noch das Hühnchen mit.

Verdonnert sehen hinterher
Sowohl die Bäurin wie auch er.

Sie sahen, wie der Fuchs entrann;
Dann sahen sie sich selber an.
„Du dumme Gans!“, sprach er zu ihr.
„Du Schafskopf!“, nennt sie ihn dafür.

Die Drachen

Schon seit meh’ren Wochen haben
Drei intim bekannte Knaben –
Fritz, Franz, Conrad hießen sie –
Mit Verstand, Geduld und Müh’
Schöne Drachen sich gepappt
Und zum Flug bereitgehabt,
Sodass sie, bis auf den Wind,
Mit der Sache fertig sind.

Endlich weht ’ne frische Brise,
Und fort geht es auf die Wiese.
Conrad wandelt an der Spitze,
Dann kommt Franz und schließlich Fritze.

„Freund!“, sprach plötzlich Franz zu Fritzen –
„Siehst du Zöpfels Äpfel sitzen?“

Und als Fritze dies bejaht,
Schreitet man sofort zur Tat.
Doch was Conrad anbetraf,
Der geht weiter klug und brav.

Trefflich gut ging die Geschichte.
Franz hat Zöpfel seine Früchte.
Lirum larum! dachte er –
Fritze hin und Fritze her!
Ich genieße, was ich habe! –
Damit ist der freche Knabe,
Grad als wäre nichts passiert,
Äpfel essend fortmarschiert.

Saftig kann man’s knirschen hören.
Soll das Fritzen nicht empören?

Mit dem Fuße und mit Krachen,
Gradesweges durch den Drachen.
Gibt er Franzen rücksichtslos
Einen wirkungsvollen Stoß.

Franz, der dieses krumm genommen,
Ist sofort herumgekommen.

Und es hebt sich und es saust
Seine zorngeballte Faust
Durch den vorgeschützten Drachen,
Gleichfalls unter großem Krachen,
Dergestalt in Fritzens Nacken,
Dass er meint, er muss zerknacken.

Jetzt sucht jeder sich zu decken,
Und es wird so mit den Pflöcken,
Wo die Schnur herumgewickelt,
Emsig hin und her geprickelt.

Franz zuerst durch kühnes Wagen
Trifft genau auf Fritzens Magen.

Dafür sticht ihn Fritz, der flinke,
In das Nasenloch, das linke.

So entspinnt sich auf die Länge
Ein direktes Handgemenge,
Was zunächst und augenscheinlich
Für die Ohren äußerst peinlich.

Dennoch wird der Kampf zuletzt
Noch am Boden fortgesetzt.

Grad kommt Zöpfel wie gewöhnlich,
Um sich wieder mal persönlich
Und gewiss zu überzeugen,
Dass sein Obst noch an den Zweigen.
„Wer“, – ruft er – „hat dies getan?“
Damit stockt sein Sprachorgan.

Ha! Jetzt wird er grausam heiter.
Er entdeckt die beiden Streiter.

Fritze kriegt den ersten Schlag,
Weil er am bequemsten lag.

Und der Franz war schon vergnügt,
Dass er siegt und oben liegt;
Bis die Peitsche wieder pfiff
Und auch ihn empfindlich kniff.

Gern entrönnen nun die beiden,
Um das Weit're zu vermeiden,
Wären nicht die nöt'gen Beine
Tief verwickelt in die Leine. –
Also folgt der Rest der Hiebe. –
Zöpfel tut's mit Lust und Liebe.

Sorgsam sammelt hierauf Zöpfel
Seine hoch geschätzten Äpfel.
Einer nur ist angenagt,
Was jedoch nicht viel besagt;
Und so kehrt er hocherfreut
Heim in seine Häuslichkeit.

Aber ach, wie traurig stand's
Um den Fritze und den Franz.
So viel ist gewiss für sie:
Ihre Drachen steigen nie,
Während Conrad seiner schon,
Dieser Erdenwelt entflohn,
Höher stets und höher steigt,
Bis man vor Erstaunen schweigt.

Plisch und Plum

Erstes Kapitel

Eine Pfeife in dem Munde,
Unterm Arm zwei junge Hunde
Trug der alte Kaspar Schlich. –
Rauchen kann er fürchterlich.
Doch, obschon die Pfeife glüht,
Oh, wie kalt ist sein Gemüt! –
„Wozu", lauten seine Worte,
„Wozu nützt mir diese Sorte?
Macht sie mir vielleicht Pläsier?
Einfach nein! erwidr' ich mir.
Wenn mir aber was nicht lieb,
Weg damit! ist mein Prinzip."

An dem Teiche steht er still,
Weil er sie ertränken will.

Ängstlich strampeln beide kleinen
Quadrupeden mit den Beinen;
Denn die inn're Stimme spricht:
Der Geschichte trau ich nicht! –

Hubs! fliegt einer schon im Bogen.

Plisch! Da glitscht er in die Wogen.

Hubs! Der zweite hinterher.

Plum! Damit verschwindet er.

„Abgemacht!“, rief Kaspar Schlich,
Dampfte und entfernte sich.

Aber hier, wie überhaupt,
Kommt es anders, als man glaubt.
Paul und Peter, welche grade
Sich entblößt zu einem Bade,
Gaben still verborgen Acht,
Was der böse Schlich gemacht.

Hurtig und den Fröschen gleich
Hupfen beide in den Teich.

Jeder bringt in seiner Hand
Einen kleinen Hund ans Land.

„Plisch“, rief Paul, „so nenn ich meinen.“
Plum – so nannte Peter seinen.

Und so tragen Paul und Peter
Ihre beiden kleinen Köter
Eilig, doch mit aller Schonung,
Hin zur elterlichen Wohnung.

Zweites Kapitel

Papa Fittig, treu und friedlich,
Mama Fittig, sehr gemütlich,
Sitzen, Arm in Arm geschmiegt,
Sorgenlos und stillvergnügt
Kurz vor ihrem Abendschmause
Noch ein wenig vor dem Hause,
Denn der Tag war ein gelinder,
Und erwarten ihre Kinder.

Sieh, da kommen alle zwei,
Plisch und Plum sind auch dabei. –

Dies scheint aber nichts für Fittig.
Heftig ruft er: „Na, da bitt ich!“

Doch Mama mit sanften Mienen,
„Fittig!“, bat sie, „gönn es ihnen!“

Angerichtet stand die frische
Abendmilch schon auf dem Tische.
Freudig eilen sie ins Haus;
Plisch und Plum geschwind voraus.

Ach, da stehn sie ohne Scham
Mitten in dem süßen Rahm
Und bekunden ihr Behagen
Durch ein lautes Zungenschlagen.

Schlich, der durch das Fenster sah,
Ruft verwundert: „Ei, sieh da!

Das ist freilich ärgerlich –
Hehe! –, aber nicht für mich!“

DRITTES KAPITEL

Paul und Peter, ungerührt,
Grad als wäre nichts passiert,
Ruhn in ihrem Schlafgemach;
Denn was fragen sie danach.
Ein und aus durch ihre Nasen
Säuselt ein gelindes Blasen.

Plisch und Plum hingegen scheinen
Noch nicht recht mit sich im Reinen

In Betreff der Lagerstätte.
Schließlich gehn sie auch zu Bette.

Unser Plisch, gewohnterweise,
Dreht sich dreimal erst im Kreise.
Unser Plum dagegen zeigt
Sich zur Zärtlichkeit geneigt.
Denen, die der Ruhe pflegen,
Kommen manche ungelegen.

„Marsch!" – Mit diesem barschen Wort
Stößt man sie nach außen fort. –
Kühle weckt die Tätigkeit;
Tätigkeit verkürzt die Zeit.

Sehr willkommen sind dazu
Hier die Hose, da der Schuh;
Welche, eh der Tag beginnt,

Auch bereits verändert sind.

Für den Vater, welch ein Schrecken,
Als er kam und wollte wecken.
Der Gedanke macht ihn blass,
Wenn er fragt: Was kostet das?

Schon will er die Knaben strafen,
Welche tun, als ob sie schlafen,
Doch die Mutter fleht: „Ich bitt dich,
Sei nicht grausam, bester Fittig!“
Diese Worte liebevoll
Schmelzen seinen Vatergroll.

Paul und Peter ist's egal.
Peter geht vorerst einmal
In zwei Schlapp-Pantoffeln los,
Paul in seiner Zackenhos'.

Plisch und Plum, weil ohne Sitte,
Kommen in die Hundehütte.

„Ist fatal!“, bemerkte Schlich,
„Hehe! Aber nicht für mich!“

Viertes Kapitel

Endlich fing im Drahtgehäuse
Sich die frechste aller Mäuse,
Welche Mama Fittig immer,

Bald im Keller, bald im Zimmer
Und besonders bei der Nacht
Fürchterlich nervös gemacht.

Dieses gibt für Plisch und Plum
Ein erwünschtes Gaudium;
Denn jetzt heißt es: „Mal heraus,
Alte, böse Knuspermaus!“

Husch! Des Peters Hosenbein,
Denkt sie, soll ihr Schutz verleihn.

Plisch verfolgt sie in das Rohr;
Plum steht anderseits davor.

Knipp! In sein Geruchsorgan
Bohrt die Maus den Nagezahn.

Plisch will sie am Schwanze ziehn,

Knipp! Am Ohre hat sie ihn.

Siehst du wohl, da läuft sie hin
In das Beet der Nachbarin.

Kritzekratze, wehe dir,
Du geliebte Blumenzier!

Madam Kümmel will soeben
Öl auf ihre Lampe geben.
Fast wär ihr das Herz geknickt,
Als sie in den Garten blickt.

Sie beflügelt ihren Schritt,
Und die Kanne bringt sie mit.

Zornig, aber mit Genuss,
Gibt sie jedem einen Guss;

Erst dem Plisch und dann dem Plum,
Scharf ist das Petroleum;

Und die Wirkung, die es macht,
Hat Frau Kümmel nicht bedacht.

Aber was sich nun begibt,
Macht Frau Kümmel so betrübt,
Dass sie, wie von Wahn umfächelt,
Ihre Augen schließt und lächelt.

Mit dem Seufzerhauche: „Uh!“
Stößt ihr eine Ohnmacht zu.

Paul und Peter, frech und kühl,
Zeigen wenig Mitgefühl;
Fremder Leute Seelenschmerzen
Nehmen sie sich nicht zu Herzen.

„Ist fatal!“, bemerkte Schlich.
„Hehe! Aber nicht für mich.“

Fünftes Kapitel

Kurz die Hose, lang der Rock;
Krumm die Nase und der Stock,
Augen schwarz und Seele grau,
Hut nach hinten, Miene schlau –
So ist Schmulchen Schievelbeiner.
(Schöner ist doch unsereiner!)

Er ist grad vor Fittigs Tür;
„Rauwauwau!“ erschallt es hier. –

Kaum verhallt der raue Ton,
So erfolgt das Weit're schon.

Und, wie schnell er sich auch dreht,
Ach, er fühlt, es ist zu spät;

Unterhalb des Rockelores
Geht sein' ganze Sach' kapores.

Soll ihm das noch mal passieren?
Nein, Vernunft soll triumphieren.

Schnupp! Er hat den Hut im Munde.
Staunend sehen es die Hunde,
Wie er so als Quadruped
Rückwärts nach der Türe geht,

Wo Frau Fittig nur mal eben
Sehen will, was sich begeben. –
Sanft, wie auf die Bank von Moos,

Setzt er sich in ihren Schoß.

Fittig eilte auch herbei. –
„Wai!“, rief Schmul. „Ich bin entzwei!
Zahlt der Herr von Fittig nicht,
Werd ich klagen bei’s Gericht!“

Er muss zahlen. – Und von je
Tat ihm das doch gar so weh.

Auf das Knabenpaar zurück
Wirft er einen scharfen Blick,
So als ob er sagen will:
„Schämt euch nur, ich schweige still!“

Doch die kümmern sich nicht viel
Um des Vaters Mienenspiel. –

„Ist fatal!“, bemerkte Schlich,
„Hehe! Aber nicht für mich!“

Sechstes Kapitel

Plisch und Plum, wie leider klar,
Sind ein niederträchtig Paar;
Niederträchtig, aber einig,
Und in letzter Hinsicht, mein ich,

Immerhin noch zu verehren;
Doch wie lange wird es währen?
Bösewicht mit Bösewicht –
Auf die Dauer geht es nicht.

Vis-a-vis im Sonnenschein
Saß ein Hündchen hübsch und klein,

Dieser Anblick ist für beide
Eine unverhoffte Freude.

Jeder möchte vorne stehen,
Um entzückt hinaufzuspähen.
Hat sich Plisch hervorgedrängt,
Fühlt der Plum sich tief gekränkt.

Drängt nach vorne sich der Plum,
Nimmt der Plisch die Sache krumm.

Schon erhebt sich dumpfes Grollen,
Füße scharren, Augen rollen,

Und der heiße Kampf beginnt;

Plum muss laufen, Plisch gewinnt.

Mama Fittig machte grad
Pfannenkuchen und Salat,
Das bekannte Leibgericht,
Was so sehr zum Herzen spricht.

Hurr! Da kommt mit Ungestüm
Plum, und Plisch ist hinter ihm.

Schemel, Topf und Kuchenbrei
Mischt sich in die Beißerei. –
„Warte, Plisch! Du Schwerenöter!“
Damit reichte ihm der Peter
Einen wohlgezielten Hieb. –
Das ist aber Paul nicht lieb.

„Warum schlägst du meinen Köter?“,
Ruft der Paul und haut den Peter.

Dieser, auch nicht angefroren,
Klatscht dem Paul um seine Ohren.

Jetzt wird's aber desperat. –
Ach, der köstliche Salat

Dient den aufgeregten Geistern,
Sich damit zu überkleistern.

Papa Fittig kommt gesprungen
Mit dem Stocke hochgeschwungen.
Mama Fittig, voller Güte,
Dass sie dies Malheur verhüte,
„Bester Fittig", ruft sie, „fass dich!"
Dabei ist sie etwas hastig.

Ihre Haube, zart umflort,
Wird von Fittigs Stock durchbohrt.

„Hehe!", lacht der böse Schlich.
„Wie ich sehe, hat man sich!"

Wer sich freut, wenn wer betrübt,
Macht sich meistens unbeliebt.

Lästig durch die große Hitze
Ist die Pfannenkuchenmütze.

„Höchst fatal!“, bemerkte Schlich.
„Aber diesmal auch für mich!“

SIEBTES KAPITEL

Seht, da sitzen Plisch und Plum
Voll Verdruss und machen brumm!
Denn zwei Ketten, gar nicht lang,
Hemmen ihren Tatendrang.

Und auch Fittig hat Beschwerden.
Dies – denkt er – muss anders werden!

Tugend will ermuntert sein,
Bosheit kann man schon allein!

Daher sitzen Paul und Peter
Jetzt vor Bokelmanns Katheder;
Und Magister Bokelmann
Hub, wie folgt, zu reden an:

„Geliebte Knaben, ich bin erfreut,
Dass ihr nunmehro gekommen seid,
Um, wie ich hoffe, mit allen Kräften
Augen und Ohren auf mich zu heften. –
Zum Ersten: Lasset uns fleißig betreiben
Lesen, Kopf-, Tafelrechnen und Schreiben,
Alldieweil der Mensch durch sotane Künste
Zu Ehren gelanget und Brotgewinnste.

Zum Zweiten: Was würde das aber besagen
Ohne ein höfliches Wohlbetragen;
Denn wer nicht höflich nach allen Seiten,
Hat doch nur lauter Verdrießlichkeiten,

Darum zum Schlusse – denn sehet, so bin ich –
Bitt ich euch dringend, inständigst und innig,
Habt ihr beschlossen in eurem Gemüte,
Meiner Lehre zu folgen in aller Güte,
So reichet die Hände und blicket mich an
Und sprechet: Jawohl, Herr Bokelmann!“

Paul und Peter denken froh:
Alter Junge, bist du so?
Keine Antwort geben sie,
Sondern machen bloß hihi!
Worauf er, der leise pfiff,
Wiederum das Wort ergriff.

„Dieweil ihr denn gesonnen“, so spricht er,
„Euch zu verhärten als Bösewichter,
So bin ich gesonnen, euch dahingegen
Allhier mal über das Pult zu legen,
Um solchermaßen mit einigen Streichen
Die harten Gemüter euch zu erweichen.“

Flugs hervor aus seinem Kleide,
Wie den Säbel aus der Scheide,
Zieht er seine harte, gute,
Schlanke, schwanke Haselrute,

Fasst mit kund’ger Hand im Nacken
Paul und Peter bei den Jacken
Und verklopft sie so vereint,
Bis es ihm genügend scheint.

„Nunmehr“, so sprach er in guter Ruh’,
„Meine lieben Knaben, was sagt ihr dazu?
Seid ihr zufrieden, und sind wir uns einig?“
„Jawohl, Herr Bokelmann!“, riefen sie schleunig.

Dies ist Bokelmanns Manier.
Dass sie gut, das sehen wir.
Jeder sagte, jeder fand:
„Paul und Peter sind charmant!“

Aber auch für Plisch und Plum
Nahte sich das Studium
Und die nötige Dressur,
Ganz wie Bokelmann verfuhr.

Bald sind beide kunstgeübt,
Daher allgemein beliebt,
Und, wie das mit Recht geschieht,
Auf die Kunst folgt der Profit.

Schluss

Zugereist in diese Gegend,
Noch viel mehr als sehr vermögend,
In der Hand das Perspektiv,
Kam ein Mister namens Pief.
„Warum soll ich nicht beim Gehen“,
Sprach er, „in die Ferne sehen?

Schön ist es auch anderswo,
Und hier bin ich sowieso.“

Hierbei aber stolpert er
In den Teich und sieht nichts mehr.

„Paul und Peter, meine Lieben,
Wo ist denn der Herr geblieben?“,
Fragte Fittig, der mit ihnen
Hier spazieren geht im Grünen.

Doch wo der geblieben war,
Wird ihm ohne dieses klar.
Ohne Perspektiv und Hut
Steigt er ruhig aus der Flut.

„Allez, Plisch und Plum, apport!",
Tönte das Kommandowort.
Streng gewöhnt an das Parieren,
Tauchen sie und apportieren

Das Vermisste prompt und schnell.
Mister Pief sprach: „Weriwell!
Diese zwei gefallen mir!

Wollt ihr hundert Mark dafür?"
Drauf erwidert Papa Fittig
Ohne Weiters: „Ei, da bitt ich."
Er fühlt sich wie neu gestärkt,
Als er so viel Geld bemerkt.

„Also, Plisch und Plum, ihr beiden,
Lebet wohl, wir müssen scheiden,
Ach, von dieser Stelle hier,
Wo vor einem Jahr wir vier
In so schmerzlich süßer Stunde
Uns vereint zum schönen Bunde;
Lebt vergnügt und ohne Not,
Beefsteak sei euer täglich Brot!"

Schlich, der auch herbeigekommen,
Hat dies alles wahrgenommen.
Fremdes Glück ist ihm zu schwer.
„Recht erfreulich!", murmelt er.
„Aber leider nicht für mich!"

Plötzlich fühlt er einen Stich,
Kriegt vor Neid den Seelenkrampf,
Macht geschwind noch etwas Dampf,

Fällt ins Wasser, dass es zischt,
Und der Lebensdocht erlischt. –

Einst belebt von seinem Hauche,
Jetzt mit spärlich mattem Rauche

Glimmt die Pfeife noch so weiter
Und verzehrt die letzten Kräuter.
Noch ein Wölkchen blau und kraus. –
Phüt! ist die Geschichte

Der kleine Pepi mit der neuen Hose

Dem kleinen Pepi,
welcher eine neue Hose braucht,
wird eine solche von seinem Paten angemessen.

Als die Hose fertig ist,
wird sie auf einer Landpartie probiert.

Die Probe fällt schlecht aus und der kleine Pepi
kommt in große Gefahr.

Ganz durchnässt setzt sich der Pepi
zum Trocknen vorden Laden des Schusters
Knieriem, fühlt sich aber auf einmal an der
neuen Hose festgehalten.

Da der kleine Pepi von seinem Sitze nicht
los kann, so müssen freundliche Menschen
den Herrn Paten holen, welcher ihn mit
großer Sorgfalt frei macht und den Schaden
kunstverständig ausbessert.

Der Vater zieht den Pepi übrigens noch
zur strengen Verantwortung, denn eine jede
neue Hose, selbst wenn der Herr Pate für den
Macherlohn nichts berechnet, kostet viel Geld.

Der Pepi ist aber ein Sapperlotskerl und hat das erste Unglück nur zu schnell vergessen, und da er einmal gehört hat, dass der Mensch sich das Leben so süß als möglich machen soll, so geht er über des Nachbars Sirupfass.

Mit dem Naschen hat aber schon so mancher ein Unglück gehabt. Der Pepi kriegt das Übergewicht und purzelt mit der neuen Hose in das Fass.

Der Nachbar hört, dass an seinem Sirupfasse etwas vorgeht, und zieht ein Wesen aus der Tiefe, von dem er gar nicht weiß, was er daraus machen soll. Doch scheint es ihm ein Mensch, und zwar ein kleiner, zu sein.

Er stellt das sonderbare Geschöpf in den Hof, um zu sehen, was daraus wird. Der Pepi kann aber weder sehen noch hören und spürt nur von allen Seiten ein höchst unangenehmes Stechen, als wenn ihn hundert Schneidergesellen mit Nadeln bearbeiteten. Endlich legt sich das Stechen und der Pepi fühlt, dass ihn jemand mit großem Eifer abwischt und von seinem Überzuge auf die uneigennützigste Weise befreit. – Als er aber sehen kann, schreit er laut auf, als er entdeckt, dass ihn der große Hofhund in der Arbeit hat.

Den Lärm hört am allerersten die Frau Mutter und macht sogleich energische Versuche zur Wiederherstellung der äußeren Ansicht ihres einzigen Sohnes. Allein erst nach Anwendung der kräftigsten Wasch- und Schönheitsmittel bekommt der Pepi seine vorige Gestalt wieder.

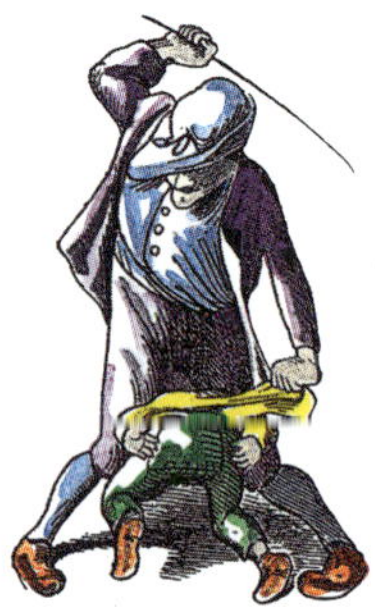

Der Herr Vater aber lässt es an den eindringlichsten moralischen Ermahnungen nicht fehlen, damit der Pepi nicht vergisst, dass, wenn auch der Herr Pate auf den Macherlohn verzichtet, doch jede neue Hose viel Geld kostet.

Die beiden Enten und der Frosch

Sieh da, zwei Enten jung und schön,
Die wollen an den Teich hingehn.

Zum Teiche gehn sie munter
Und tauchen die Köpfe unter.

Die eine in der Goschen
Trägt einen grünen Froschen.

Sie denkt allein ihn zu verschlingen,
Das soll ihr aber nicht gelingen.

Die Ente und der Enterich,
Die ziehn den Frosch ganz fürchterlich.

Sie ziehn ihn in die Quere,
Das tut ihm weh gar sehre.

Der Frosch kämpft tapfer wie ein Mann.
Ob das ihm wohl was helfen kann?

Schon hat die eine ihn beim Kopf,
Die andre hält ihr zu den Kropf.

Die beiden Enten raufen,
Da hat der Frosch gut laufen.

Die Enten haben sich besunnen
Und suchen den Frosch im Brunnen.

Sie suchen ihn im Wasserrohr,
Der Frosch springt aber schnell hervor.

Die Enten mit Geschnatter
Stecken die Köpfe durchs Gatter.

Der Frosch ist fort – die Enten,
Wenn die nur auch fort könnten!

Da kommt der Koch herbei sogleich,
Und lacht: „Hehe, jetzt hab ich euch!“

Drei Wochen war der Frosch so krank!
Jetzt raucht er wieder, Gott sei Dank!

Die Fliege

Dem Herrn Inspektor tut's so gut,
Wenn er nach Tisch ein wenig ruht.

Da kommt die Fliege mit Gebrumm
Und surrt ihm vor dem Ohr herum.

Und, aufgeschreckt aus halbem Schlummer,
Schaut er verdrießlich auf den Brummer.

Die böse Fliege! Seht, nun hat se
Sich festgesetzt auf seiner Glatze.

„Wart nur, du unverschämtes Tier!
Anitzo aber komm ich dir!"

Behutsam schleicht er nach der Tasse,
Dass er die Fliege da erfasse.

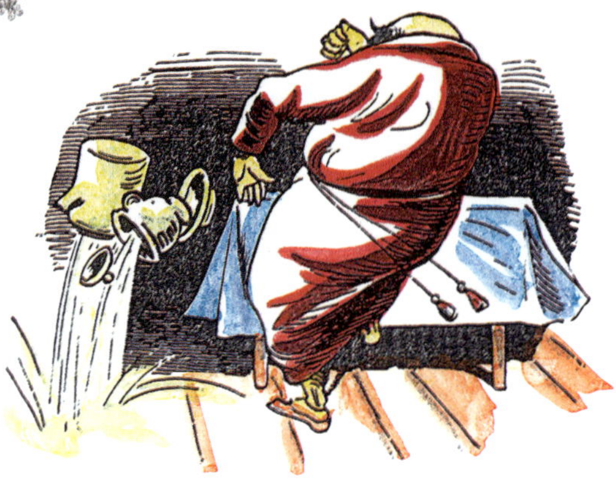

Perdauz! – Darin ist er gewandt –
Er hat sie wirklich in der Hand.

Hier schaut er nun mit großer List,
Wo sie denn eigentlich wohl ist.

Surr! – Da! – Sie ist schon wieder frei.
Ein Bein, das ist ihr einerlei.

Jetzt aber kommt er mit der Klappe,
Dass er sie so vielleicht ertappe.

Und um sie sicher zu bekommen,
Hat er den Sorgenstuhl erklommen.

Rumbums! Da liegt der Stuhl und er;
Die Fliege flattert froh umher.

Da holt er aus mit voller Kraft;
Die Fliege wird dahingerafft.

Und fröhlich sieht er das Insekt
Am Boden leblos ausgestreckt.

Erquicklich ist die Mittagsruh',
Nur kommt man oftmals nicht dazu.

Der Bauer und der Windmüller

Die Luft ist kühl, es weht der Wind;
Der Bauer zieht zur Mühl' geschwind.

Ei, denkt der brave Bauersmann,
da bind ich meinen Esel an.

Der böse Müller hat's gesehn
Und lässt sogleich die Mühle gehn.

Den Esel zieht es fort, o Graus!
Der Müller
guckt zum Loch heraus.

Am Schwanz hängt sich der Bauer an,
Was ihm jedoch nichts helfen kann.

Der Müller aber mit Vergnügen
Sieht in der Luft den Esel fliegen.

Denn sieh, die Haare halten nicht –
Bums! liegt er da, der arme Wicht.

Indessen haut dem Bäuerlein
Ein Flügel an das rechte Bein.

Jetzt endlich bleibt die Mühle stehn,
Doch um den Esel ist's geschehn.

Hier siehst du nun auf einem Karrn
Den Abgeschiednen heimwärts fahrn.

Und als der Bauer kam nach Haus,
Fuhr seine Frau zur Tür heraus.

Mit einem Besen, groß und lang,
Macht sie dem Bauern Angst und Bang.

Der Bauer nimmt die Säge
Und wehrt sich ab die Schläge.

Ein Sägezahn trifft ganz genau
Ins Nasenloch der Bauersfrau,

Die Nase blutet fürchterlich,
Der Bauer denkt: Was kümmert's mich!

Zur Mühle geht der Bauersmann
Und fängt sogleich zu sägen an.

Racksknacks!
Da bricht die Mühle schon –
Das war des bösen Müllers Lohn.

Der böse Müller aber kroch
Schnell aus dem offnen Mühlenloch.

Das Rabennest

Zwei Knaben, jung und heiter,
Die tragen eine Leiter.
Im Nest die jungen Raben,
Die werden wir gleich haben.

Da fällt die Leiter um im Nu,
Die Raben sehen munter zu.

Sie schreien im Vereine!
Man sieht nur noch die Beine!

Der Jäger kommt an diesen Ort
Und spricht zu seinem Hund: „Apport!"

Den Knaben apportiert der Hund,
Der Jäger hat die Pfeif' im Mund.

Nun hole auch den andern her!
Der Schlingel aber will nicht mehr.

Der Jäger muss sich selbst bemühn,
Den Knaben aus dem Sumpf zu ziehn.

Zur Hälfte sind die Knaben
So schwarz als wie die Raben.

Der Hund und auch der Jägersmann,
Die haben schwarze Stiefel an.

Die Raben in dem Rabennest
Sind aber kreuzfidel gewest.

Der Lohn einer guten Tat

(Eine wahre Geschichte)

Wenn man von dem Lohn der Tugend
Hin und wieder was erfährt,
So ist das im Allgemeinen
Jedenfalls nur wünschenswert.

Aber so was kann mich ärgern,
Wenn man in der Zeitung sieht,
Was dem Johann Luenicka
Für sein gutes Werk geschieht.

Von Geburt aus Leitomischl,
Handwerksbursche von Metier,
Kam er auch auf seiner Reise
Einst an einen großen See.

Plötzlich sieht er einen Knaben,
Welcher etwa dreizehn Jahr,
Und, nachdem er sich gebadet,
Eben beim Ertrinken war.

Dieses kann Johann nicht leiden,
Stürzt sich mutig in die Flut,

Fasst das Kind beim linken Beine,
Aber ach! verliert den Hut.

Erst jedoch, nachdem er alle
Rettungsmittel angewandt,
Fühlt er mittelst seiner Hände,
Dass er seinen Hut nicht fand.

Unbemittelt und vertrauend
Auf das Werk, das er getan,
Hält er bei der Ortsgemeinde
Höflich um Belohnung an.

Hier nimmt man das Anersuchen
Auch sogleich zu Protokoll
Und berichtet an das Kreisamt,
Wie man sich verhalten soll.

Von dem Kreisamt schreibt man wieder,
Und der Brave ist schon froh;
Aber groß war sein Erstaunen,
Denn die Antwort lautet so:

„Erstens, da der Luenicka
Schwimmen kann, so ist es klar,
Dass sein Leben bei der Sache
Nicht besonders in Gefahr;

Drum, nach reiflichem Bedenken,
Lautet unser Amtsbeschluss,
Dass die fragliche Belohnung
Jedenfalls von Überfluss.

Zweitens hat der Luenicka
Sein Ersuchen eingeschickt,
Ohne dass, wie es gesetzlich,
Ihm ein Stempel aufgedrückt;

Drum, nach reiflichem Bedenken,
Lautet unser Amtsbeschluss,
Dass er 72 Kreuzer
Stempeltaxe zahlen muss."

Ja, so lautet das Ergebnis. –
Zahlen muss der junge Mann,
Ob ihm gleich von jedem Auge
Eine stille Träne rann.

Und wir fragen uns im Stillen:
Wozu nützt die gute Tat,
Wenn ein tugendsamer Jüngling
Obendrein noch Kosten hat!

Der Lohn einer guten Tat

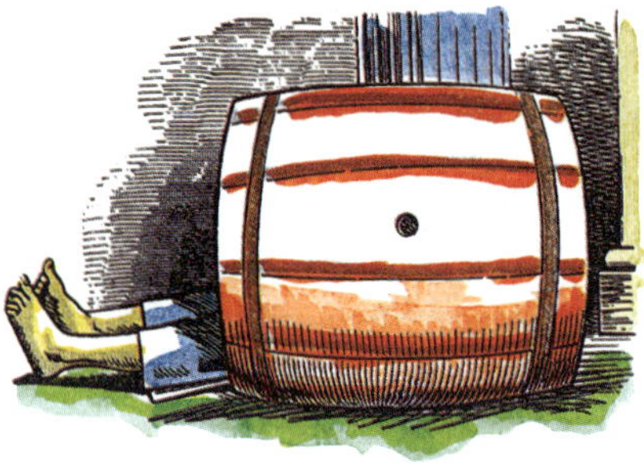

Nachdenklich liegt in seiner Tonne
Diogenes hier an der Sonne.

Ein Bube, der ihn liegen sah,
Ruft seinen Freund; gleich ist er da.

Nun fangen die zwei Tropfen
Am Fasse an zu klopfen.

Diogenes schaut aus dem Fass
Und spricht: „Ei, ei! Was soll denn das!"

Der Bube mit der Mütze
Holt seine Wasserspritze.

Er spritzt durchs Spundloch in das Fass,
Diogenes wird pudelnass.

Kaum legt Diogenes sich nieder,
So kommen die bösen Buben wieder.

Sie gehen ans Fass und schieben es;
„Halt, halt!“, schreit da Diogenes.

Ganz schwindlig wird der Brave. –
Passt auf! Jetzt kommt die Strafe.

Zwei Nägel, die am Fasse stecken,
Fassen die Buben bei den Röcken.

Die bösen Buben weinen
Und zappeln mit den Beinen.

Da hilft kein Weinen und kein Schrein,
Sie müssen unters Fass hinein.

Die bösen Buben von Korinth
Sind platt gewalzt, wie Kuchen sind.

Diogenes der Weise aber kroch ins Fass
Und sprach: „Jaja! Das kommt von das!“

Der Hahnenkampf

(Eine Fabel)

Der Gickerich, ein Gockel fein,
Schaut in den Topf voll Brüh' hinein.

Ein zweiter, Gackerich genannt,
Kommt auch sogleich herzugerannt.

Und jeder langt mit Mühe
Im Topfe nach der Brühe.

Der Gicker- und der Gackerich
Betrachten und fixieren sich.

Zum Kampf gerüstet und ganz nah,
So stehn sie Aug' in Auge da.

Sie fangen mit den Tatzen
Entsetzlich an zu kratzen

Und schlagen sich die Sporen
Um ihre roten Ohren.

Jetzt rupft der Gickerich, o Graus,
Dem Gackerich die schönste Feder aus.

Doch Gackerich, der erst entfloh,
Macht's jetzt dem andern ebenso

Und zieht den Gickerich noch obendrein
Beim Schopfe in den Topf hinein.

Da kämpfen sie noch ganz erhitzt,
Dass rundherum die Brühe spritzt.

Und keiner hält sich für besiegt,
Obschon der Topf am Boden liegt.

Jetzt kommt der Schnauzel hergerennt
Und macht dem ganzen Streit ein End'.

Sieh da, die Hähne gehn nach Haus
Und sehen ganz erbärmlich aus.

Der Schnauzel frisst den Rest der Brüh',
Den Schaden hat das Federvieh.

Die Rache des Elefanten

Den Elefanten sieht man da
Spazieren gehn in Afrika.

Gemütlich geht er zur Oase
Und trinkt vermittelst seiner Nase.

Ein Mohr, aus Bosheit und Pläsier,
Schießt auf das Elefantentier.

Da dreht der Elefant sich um
Und folgt dem Neger mit Gebrumm.

Vergebens rennt der böse Mohr,
Der Elefant fasst ihn beim Ohr.

Er zieht ihn unter Weh und Ach
Zu einem nahen Wasserbach.

Da taucht er ihn ganz munter
Mit seinem Rüssel unter.

Den Mohren hätte unterdessen
Beinah das Krokodil gefressen.

Er hebt ihn bei den Hosen auf
Und trägt ihn fort in schnellem Lauf.

Nun aber spritzt den Negersmann
Der Elefant mit Wasser an.

Und wirft ihn in ein Kaktuskraut;
Der Kaktus sticht, der Mohr schreit laut.

Der Elefant geht still nach Haus,
Der Mohr sieht wie ein Kaktus aus.

Der Bauer und sein Schwein

Ein Bauer treibt in guter Ruh
Sein fettes Schwein der Heimat zu.

Bei einem Wirte kehrt er ein
Und kauft sich einen Branntewein.

Da zieht das Schwein, der Bauer fällt,
Weil er sich auf das Seil gestellt.

Des Wirtes Nachbar und sein Sohn,
Die warten auf die Knödel schon.

Auf einmal kommt herein die Sau
Und stößt die gute Nachbarsfrau.

Sie stößt, mit schrecklichem Gebrumm,
Das Kind, den Tisch und Nachbarn um.

Heraußen steht das Bäuerlein
Und wartet auf sein fettes Schwein.

Das Schwein läuft aus der Tür heraus,
Der Bauer reitet fort im Saus.

Dem Schweine kommt das lästig vor,
Drum wälzt es sich im feuchten Moor.

Ans Ufer springt das böse Schwein,
Der Bauer mühsam hinterdrein.

Ins Schilderhaus verkriecht es sich,
Der Bauer spricht: „Jetzt hab ich dich!“

Er setzt sich auf das Schilderhaus,
Da schaut des Schweines Schwanz heraus.

Der Wirt, Soldat und Nachbarsmann,
Die greifen jetzt den Bauern an.

Doch endlich schlachtet man das Schwein,
Da freute sich das Bäuerlein.

Der hinterlistige Heinrich

Die Mutter sprach: „O Heinrich mein!
Nimm diese Brezen, sie sei dein!“

Der böse Heinrich denkt sich gleich:
Jetzt fang ich Gänse auf dem Teich.

Ein junges Gänslein schwamm ans Land;
Schnapp! hat es Heinrich in der Hand.

Es schreit und zappelt fürchterlich;
Die Alten sind ganz außer sich.

Jetzt fasst die Gans den Heinrich an,
Wo sie zunächst ihn fassen kann.

Der Heinrich fällt auf seinen Rücken;
Am Ohr tun ihn die Gänse zwicken.

Sie fliegen dann, o weh, o weh!
Mit Heinrich fort und in die Höh'.

Hoch über seiner Mutter Haus,
Da lassen sie den Heinrich aus.

Der fällt ganz schwarz und über Kopf
Der Mutter in den Suppentopf.

Mit einer Gabel und mit Müh'
Zieht ihn die Mutter aus der Brüh'.

Hier sieht man ihn am Ofen stehn. –
Dem Schlingel ist ganz recht geschehn!

Die Gänse aber voll Ergötzen
Verzehren Heinrichs braune Brezen.

Die Rutschpartie

Da kommt der Hans auf seinem Schlitten
Vergnügt den Berg herabgeritten.

Grad geht der Küster da vorbei
Und friert und denkt sich allerlei.

Schwupp! hat der Schlitten ihn gefasst.
Warum hat er nicht aufgepasst?!

Ein Jäger raucht und geht nachhaus;
Der Schlitten kommt in vollem Saus.

Schau, schau!
Den Hund, den hat's bereits,
Der Jäger spränge gern abseits.

Jedoch der Schlitten fasst ihn schon,
Die Tabakspfeife fliegt davon.

Nun kommt trotz Ach- und Wehgeschrei
Die Botenfrau auch an die Reih'.

So saust man unaufhörlich fort
Bis zu dem steilen Abhang dort.

Ein jeder fliegt von seinem Sitze;
Der Schuss geht los
und durch die Mütze.

Hier steckt ein jeder tief im Schnee
Und reckt die Beine in die Höh',

Doch gleich hat man sich aufgerafft
Und prügelt sich mit aller Kraft.

Zum Schluss geht man voll Schmerz beiseit';
Das macht die Unvorsichtigkeit.

Adelens Spaziergang

Ein Mädchen, schön und voll Gemüt,
Geht hier spazieren, wie man sieht.

Sie pflückt auf frühlingsgrüner Au
Vergissmeinnicht, das Blümlein blau.

Ach Gott!
Da hupft ein grüner, nasser,
Erschrecklich großer Frosch ins Wasser.

Adele, die ihn hupfen sah,
Fällt um und ist der Ohnmacht nah.

Ameisenbisse tun gar weh;
Schnell springt Adele in die Höh'.

Ein Schäfer weidet in der Fern';
Den Ziegenbock hat man nicht gern.

Es stößt der Bock; Adele schreit;
Der Hirt ist in Verlegenheit.

Auf seine Hörner nimmt der Bock
Adelens Krinolinenrock.

Hund, Hirt und Herde stehen stumm
Um diesen Unglücksfall herum.

Der Schäfer trägt Adelen fort;
Ein Storch kommt auch an diesen Ort.

Schnapp! fasst der Storch die Krinoline
Und fliegt davon mit froher Miene.

Hier sitzt das Ding im Baume fest
Als wunderschönes Storchennest.

Der unfreiwillige Spazierritt

Herr Pumps labt sich im kühlen Bad,
Als hoch zu Ross ein Leutnant naht.

Ergreift den Zaum mit starker Hand
Und schwingt sich dann aufs Ross gewandt.

Des Leutnants Ross wird plötzlich scheu,
Herr Pumps eilt gleich zur Hilf' herbei;

Kaum sitzt er – zu des Leutnants Schreck –,
So rennt das Ross mit ihm vom Fleck;

Und rennt und stürmt vorbei mit Wut
An einem Fräulein-Institut.

Und rennt hinein zur Stadt – o Graus –,
Wo eben ward die Schule aus;

Und rennt, bis es gerannt genug,
Und wirft Herrn Pumps noch ab im Flug.

Und fasst die nächste Tür – o weh –,
Zwei Fräulein sitzen beim Kaffee;

Die Jugend sieht's und lacht ihn aus,
Schnell eilt Herr Pumps ins nächste Haus.

Doch wie er schnell den Rückzug sucht,
Hemmt's Stubenmädel seine Flucht.

Endlich erreicht er ein Gemach,
Ein Diener bringt ihm Kleider nach,

Schafft eine Droschke dann zur Stell',
Drin fährt Herr Pumps nachhause schnell.

Zwei Diebe

Ganz heimlich flüstern diese zwei,
Natürlich nur von Lumperei.

Da gehen sie in tiefem Schweigen,
Wohin? Das wird sich später zeigen.

Hier schläft ein reicher Privatier
Bei seinem Gelde in der Näh'!

Ein Fenster, welches nicht verschlossen,
Erklimmen sie auf Leitersprossen.

Und als der Privatier erwacht,
Ein Messer ihm entgegenlacht.

Schnell will er die Pistole kriegen,
Der Dieb missgönnt ihm das Vergnügen.

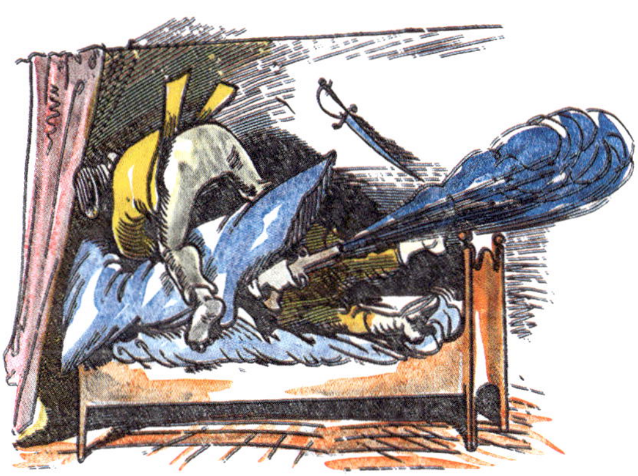

Seht nur! Wie die Pistole kracht,
Dem Lumpen hat es nichts gemacht.

Der Privatier, ganz zornentbrannt,
Haut mit dem Säbel umeinand'.

Und jeder haut, und jeder sticht,
Und keiner trifft den andern nicht.

Hier knebeln sie den dicken Mann,
Dass er nicht schrein und laufen kann.

Und hängen ihn, o Sünd und Schand',
An einen Nagel an die Wand.

Da kommt, vom lauten Knack erwacht,
Die Köchin, im Gewand der Nacht.

Und ruft mit bangem Wehgeschrei
Durchs Fenster nach der Polizei.

Da fasst der Dieb sie bei der Jacke
Und überzieht sie mit dem Sacke.

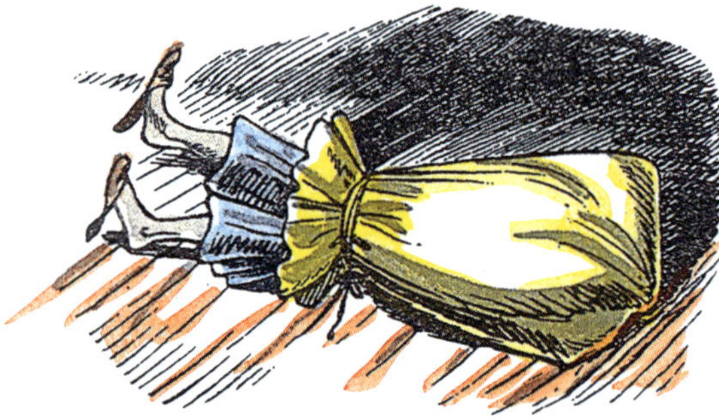

Da liegt sie nun,
Was hilft ihr Schrein?
Der Sack hüllt ihre Klagen ein.

Doch seht! Die brave Polizei
Kommt, wie gewöhnlich, schnell herbei.

Die Diebe sind im Schrank versteckt.
Die Polizei hat's gleich entdeckt.

Die Diebe sausen ins Gemach
Mit aufgespanntem Regendach.

Am Rücken liegt die Polizei,
Die Diebe stürmen schnell vorbei.

Da sieht man beide lustig fliegen,
Die böse Sache scheint zu siegen,

Doch still: Die Strafe fehlet nie!
Gesegnet sei das Paraplü!

Die Strafe der Faulheit

Fräulein Ammer kost allhier
Mit Schnick, dem allerliebsten Tier.

Sie füttert ihn, so viel er mag,
Mit Zuckerbrot den ganzen Tag.

Und nachts liegt er sogar im Bett,
Da wird er freilich dick und fett.

Einstmals, als sie spazieren gehen,
Sieht man den Hundefänger stehen.

Er lockt den Schnick mit einer Brezen,
Das Fräulein ruft ihm voll Entsetzen.

Doch weil er nicht gehorchen kann,
Fängt ihn gripsgraps der böse Mann.

Seht, wie er läuft, der Hundehäscher!
Und trägt im Sack den dicken Näscher.

Gern lief er fort, der arme Schnick,
Doch ist er viel zu dumm und dick.

„Den schlacht ich!“, spricht der böse Mann.
„Weil er so fett und gar nichts kann.“

Das Fräulein naht und jammert laut,
Es ist zu spat; da liegt die Haut.

Zwei Gülden zahlt sie in der Stille
Für Schnickens letzte Außenhülle.

Hier steht der ausgestopfte Schnick.
– Wer dick und faul, hat selten Glück.

Der Lohn des Fleißes

„Komm, Nero!“, spricht Herr Bartel ernst.
„Es wird jetzt Zeit, dass du was lernst!

Du willst nicht? – Gut! so hau ich dich
Mit einem Stecken fürchterlich.“

„Hut ab!“ Das ist das erste Stück,
Der Nero macht es mit Geschick.

Drauf sitzt der Nero mäuschenstill
Und hört, was man ihm sagen will.

Zum Zweiten: „Jenen Stecken dort!
Nur munter, Nero! Such! Apport!“

Und jetzt: „Die Tür auf! – So, so, so!
Das geht ja schon: Bravissimo!“

Ach! denkt der Nero, ach wozu
Lässt mich mein Herr doch nicht in Ruh’?!

Da kommt, als sie spazieren gingen,
Der Hundefänger mit den Schlingen.

„Hut ab!“, ruft schnell Herr Bartel jetzt.
Der Hundefänger ist entsetzt.

Und lässt, dieweil der Schreck so groß,
Die festgemachte Schlinge los.

Gleich sitzt der Nero mit der Mütze
In einer tiefen Wasserpfütze.

Der böse Mann, gar sehr gewandt,
Fischt aber Nero an das Land.

Und sperrt ihn in den Gitterkasten
Und schreit: „Jetzt soll der Schlingel fasten!“

Doch kaum hat sich der Mann entfernt,
Zeigt Nero, dass er was gelernt.

Er macht die Türe auf und dann
Läuft er nach Haus, so schnell er kann.

Hier kehrt er heim und ist erfreut,
Das macht allein die Fleißigkeit.

Der neidische Handwerksbursch

Das Hähnerl hier ist für den Dicken.
Der Handwerksbursch fühlt Magenzwicken.

Die Zeitung ist oft intressant.
Ein Hähnerl nimmt man gern zur Hand.

Der Dicke schmaust, es perlt der Wein;
Der Handwerksbursch schaut neidisch drein.

Die Politik ist sehr belehrend.
Der Wohlgeruch ist manchmal störend.

Der Handwerksbursche, unverwandt,
Vertieft sich in den Gegenstand.

Auch das noch! – Es ist unerträglich! –
Er flötet so leger wie möglich.

Der Dicke schlürft mit viel Gefühl; –
Dem Handwerksburschen wird es schwül.

Er zahlt drei Kreuzer sehr verlegen,
Stolz nimmt sie der Herr Wirt entgegen.

Drei Taler zahlt der gnäd'ge Herr,
Da ist der Wirt schon höflicher. –

Die Sonne brennt, der Staub, der weht;
Der Dicke fährt, der Dünne geht. –

Der Handwerksbursche, froh und frei,
Ruht sanft im duft'gen Wiesenheu.

Der Dicke aber – „autsch! mein Bein!“ –
Hat wieder heut das Zipperlein.

Vetter Franz auf dem Esel

E Die hübschen Bäschen bitten sehr:
„Ach, Vetter Franz! Reit mal umher!“

Und Franz, natürlich gleich bereit,
Gewinnt das Tier durch Freundlichkeit.

Schon sitzt er drauf und kommt nicht weiter,
Worob die Basen äußerst heiter.

Er denkt: Ja, wart! Du wirst schon gehn!
Ich muss dich mal beim Schwanze drehn!

Jetzt brennt er ihm am Kreuz herum;
Den Esel ziehn die Schmerzen krumm.

Und er, der eben noch verstockt,
Ermuntert sich und springt und bockt.

Im Eck, wo die Geräte hängen,
Sucht er den Vetter zu bedrängen.

Da steht die bittre Aloë,
Setzt man sich drauf, so tut es weh.

Nun druckt er gar nach hint' hinaus
Ins glasbedeckte Blumenhaus.

Die treibt durch ihre Dorne
Den Esel schnell nach vorne.

Und – schwupp! –
kommt Vetter Franz im Bogen
Auf die Kusinen zugeflogen.

Und – plauz! pardauz! – geht's über Kopf
Durch Butter und durch Millichtopf.

Am Schluss bemüht ein jeder sich
Hinwegzutun, was hinderlich.

Der Wurstdieb

Hier hängt die Wurst – dort an der Mauer
Steht Louis heimlich auf der Lauer.

Und schon bemerkt man sein Bestreben,
Sich eine Wurst herauszuheben.

Jetzt hat er sie und schleicht davon;
Doch Graps, der Hund, erblickt ihn schon.

Eh Louis denkt, dass er ihn packe,
Hat Graps ihn hinten bei der Jacke.

Die zwei, die schaun sich ins Gesicht,
Der eine froh, der andre nicht.

Graps aber trägt mit sanftem Schritte
Die Wurst zu seiner stillen Hütte.

Indessen Graps sich so ergötzt,
Hat Louis aufrecht sich gesetzt

Und will ganz heimlich sich soeben
Aus dieser Gegend fortbegeben;

Doch Graps, der wachsam, zieht ihn wieder
Mit kühnem Griff nach hinten nieder.

Er legt sich klüglich auf die Spitze
Von Louis seiner Zipfelmütze.

Der treue Graps, der denkt sich: Nun
Kann ich getrost ein wenig ruhn!

Doch Louis zog ganz in der Stille
Den Kopf aus seiner spitzen Hülle

Und wäre glücklich fast entkommen,
Hätt' ihn der Graps nicht festgenommen.

Er steht und darf sich nicht bewegen;
Von oben strömt ein kühler Regen.

Der Regen wird zum kalten Reif;
Der Louis friert ganz starr und steif.

Der gute Nachbar sah ihn stehn
Und will mit ihm zum Ofen gehn.

Bauz! Klirr! Er stolpert an der Schwelle;
Der Louis ist ein Eisgerölle.

Da nimmt der gute Nachbar schnell den Besen
Und fegt hinaus, was Louis einst gewesen.

Die Brille

Des Mittags, als es zwölfe war,
Setzt sich zu Tisch der Herr Aktuar.

Er schaut bedenklich, ernst und stille
Die Suppe an durch seine Brille.

Und durch die Brille, scharf und klar,
Entdeckt er gleich ein langes Haar.

„Nun!“ – sprach die Frau –
„Das kann wohl mal passieren!
Hast du mich lieb,
so wird’s dich nicht genieren!“

Er aber kehrt sich schleunigst um
Und holt die Flasche, die voll Rum.

Er trinkt und ist so sehr verstockt,
Dass selbst die Wurst ihn nicht verlockt.

Ach! denkt die Frau. Wie wird das enden!
Und sucht die Flasche zu entwenden.

Doch hierin kennt er keinen Spaß:
„Gleich stell sie her!
Sonst gibt es was!“

Und schon ergreift er mit der Hand
Den Stock, der in der Ecke stand.

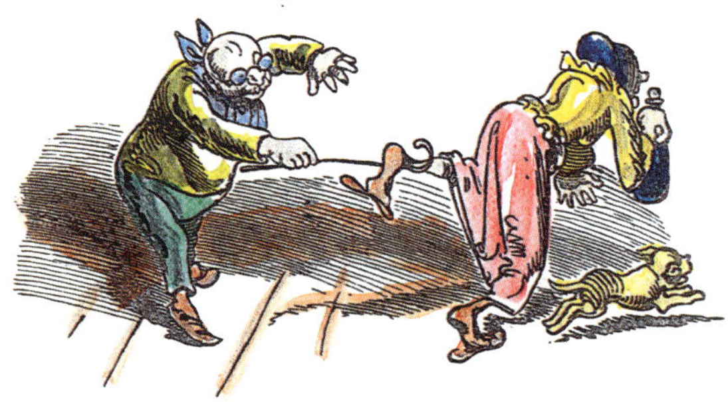

Die Frau versucht zu fliehn; indes
der Hakenstock verhindert es.

Ein Schlag, gar wohl gezielt und tüchtig,
Trifft und zerbricht die Flasche richtig.

Nun nimmt die Frau die Sache krumm
Und kehrt sich zur Attacke um.

Sie hat die Brill' und freut sich sehr,
Der Mann steht da und sieht nichts mehr.

Er tappt herum als blinder Mann,
Ob er den Feind nicht finden kann,

Und tappt in seiner blinden Wut –
Autsch! – an des Ofens heiße Glut.

Er dreht sich um, und allbereits
Brennt ihn der Ofen anderseits.

Nun aber wird die Wut erst groß.
Was es auch sei – er haut drauflos.

Die Suppenschüssel, Wurst und Glas
Wird ruiniert, der Hund wird nass.

Und Frau und Hund entfliehn; doch er
Fällt mit dem Stuhl schnell hinterher.

Voll Eifer will er nach, und ach!
Rennt an die Tür mit großem Krach.

Nun ist's zu Ende mit dem Rasen;
Das rote Blut rinnt aus der Nasen.

Und demutsvoll und flehentlich
Bemüht er um die Brille sich.

Er nimmt mit Freud und Dankgefühl
Die Brille von dem Besenstiel.

So triumphiert das brave Weib.
Die Wurst hat Tapp, der Hund, im Leib.

Die fromme Helene

Erstes Kapitel

Lenchen kommt aufs Land

Wie der Wind in Trauerweiden
Tönt des frommen Sängers Lied,
Wenn er auf die Lasterfreuden
In den großen Städten sieht.

Ach, die sittenlose Presse!
Tut sie nicht in früher Stund'
All die sündlichen Exzesse
Schon den Bürgersleuten kund?!

Offenbach ist im Thalia,
Hier sind Bälle, da Konzerts.
Annchen, Hannchen und Maria
Hüpft vor Freuden schon das Herz.

Kaum trank man die letzte Tasse,
Putzt man schon den ird'schen Leib.
Auf dem Walle, auf der Gasse
Wimmelt man zum Zeitvertreib.

Wie sie schauen, wie sie grüßen!
Hier die zierlichen Mosjös,
Dort die Damen mit den süßen,
Himmlisch hohen Prachtpopös.

Und der Jud mit krummer Ferse,
Krummer Nas' und krummer Hos'
Schlängelt sich zur hohen Börse
Tief verderbt und seelenlos.

Schweigen will ich von Lokalen,
Wo der Böse nächtlich prasst,
Wo im Kreis der Liberalen
Man den Heil'gen Vater hasst.

Schweigen will ich von Konzerten,
Wo der Kenner hochentzückt
Mit dem seelenvoll-verklärten
Opernglase um sich blickt,

Wo mit weichen Wogebusen
Man schön warm beisammensitzt,
Wo der hehre Chor der Musen,
Wo Apollo selber schwitzt.

Schweigen will ich vom Theater,
Wie von da, des Abends spät,
Schöne Mutter, alter Vater
Arm in Arm nachhause geht.

Zwar man zeuget viele Kinder,
Doch man denket nichts dabei.
Und die Kinder werden Sünder,
Wenn's den Eltern einerlei.

„Komm, Helenchen!", sprach der brave
Vormund – „Komm, mein liebes Kind!
Komm aufs Land, wo sanfte Schafe
Und die frommen Lämmer sind.

Da ist Onkel, da ist Tante,
Da ist Tugend und Verstand,
Da sind deine Anverwandte!"
So kam Lenchen auf das Land.

Zweites Kapitel

Des Onkels Nachthemd

Helene! – sprach der Onkel Nolte –
„Was ich schon immer sagen wollte!
Ich warne dich als Mensch und Christ:
Oh, hüte dich vor allem Bösen!
Es macht Pläsier, wenn man es ist,
Es macht Verdruss, wenn man's gewesen!"
„Ja, leider!" – sprach die milde Tante –
„So ging es vielen, die ich kannte!
Drum soll ein Kind die weisen Lehren
Der alten Leute hochverehren!

Die haben alles hinter sich
Und sind, gottlob! recht tugendlich!
Nun gute Nacht! Es ist schon späte!
Und, gutes Lenchen, bete! bete!"

Helene geht. – Und mit Vergnügen
Sieht sie des Onkels Nachthemd liegen.

Die Nadel her, so schnell es geht!
Und Hals und Ärmel zugenäht!

Darauf begibt sie sich zur Ruh'
Und deckt sich warm und fröhlich zu.

Bald kommt der Onkel auch herein
Und scheint bereits recht müd zu sein.

Erst nimmt er seine Schlummerprise,
Denn er ist sehr gewöhnt an diese.

Und nun vertauscht er mit Bedacht
Das Hemd des Tags mit dem der Nacht.

Doch geht's nicht so, wie er wohl möcht',
Denn die Geschichte will nicht recht.

„Potztausend, das ist wunderlich!"
Der Onkel Nolte ärgert sich.

Er ärgert sich, doch hilft es nicht.
Ja siehste wohl! Da liegt das Licht!

Stets größer wird der Ärger nur,
Es fällt die Dose und die Uhr.

Rack! – Stößt er an den Tisch der Nacht,
Was einen großen Lärm gemacht.

Hier kommt die Tante mit dem Licht. –
Der Onkel hat schon Luft gekriegt.

„Oh sündenvolle Kreatur!
Dich mein ich dort! – Ja, schnarche nur!"

Helene denkt: „Dies will ich nun
Auch ganz gewiss nicht wieder tun."

Drittes Kapitel

Vetter Franz

Helenchen wächst und wird gescheit
Und trägt bereits ein langes Kleid. –

„Na, Lene! hast du's schon vernommen?
Der Vetter Franz ist angekommen."
So sprach die Tante früh um achte,
Indem sie grade Kaffee machte.
„Und hörst du, sei fein hübsch manierlich
Und zeige dich nicht ungebührlich,
Und sitz bei Tische nicht so krumm
Und gaffe nicht so viel herum.
Und ganz besonders muss ich bitten:
Das Grüne, was so ausgeschnitten –
Du ziehst mir nicht das Grüne an,
Weil ich's nun mal nicht leiden kann."

„Ei!" – denkt Helene – „Schläft er noch?"
Und schaut auch schon durchs Schlüsselloch.

Der Franz, ermüdet von der Reise,
Liegt tief versteckt im Bettgehäuse.

„Ach, ja, ja, jam!" – so gähnt er eben –
„Es wird wohl Zeit, sich zu erheben

Und sich allmählich zu bequemen,
Die Morgenwäsche vorzunehmen."

Zum Ersten: ist es mal so schicklich,

Zum Zweiten: ist es sehr erquicklich;

Zum Dritten: ist man sehr bestaubt

Und viertens: soll man's überhaupt,

Denn fünftens: ziert es das Gesicht

Und schließlich: schaden tut's mal nicht.

Wie fröhlich ist der Wandersmann,
Zieht er das reine Hemd sich an.

Und neu gestärkt und friedlich-heiter
Bekleidet er sich emsig weiter.

Und erntet endlich stillerfreut

Die Früchte seiner Reinlichkeit.

Jetzt steckt der Franz die Pfeife an,
Helene eilt, so schnell sie kann.

Plemm!! – Stößt sie an die alte Brause,
Die oben steht im Treppenhause.

Sie kommt auf Hannchen hergerollt,
Die Franzens Stiefel holen wollt'.

Die Lene rutscht, es rutscht die Hanne;
Die Tante trägt die Kaffeekanne.

Da geht es klirr! und klipp! und klapp!
Und auch der Onkel kriegt was ab.

VIERTES KAPITEL

Der Frosch

Der Franz, ein Schüler hochgelehrt,
Macht sich gar bald beliebt und wert.
So hat er einstens in der Nacht
Beifolgendes Gedicht gemacht:

Als ich so von ungefähr
Durch den Wald spazierte,
Kam ein bunter Vogel, der
Pfiff und quinquilierte.

Was der bunte Vogel pfiff,
Fühle und begreif ich:
Liebe ist der Inbegriff,
Auf das andre pfeif ich.

Er schenkt's Helenen, die darob
Gar hocherfreut und voller Lob.

Und Franz war wirklich angenehm,
Teils dieserhalb, teils außerdem.

Wenn in der Küche oder Kammer
Ein Nagel fehlt – Franz holt den Hammer!

Wenn man den Kellerraum betritt,
Wo's öd und dunkel – Franz geht mit!

Wenn man nach dem Gemüse sah
In Feld und Garten – Franz ist da! –

Oft ist z. B. an den Stangen
Die Bohne schwierig zu erlangen.

Franz aber fasst die Leiter an,
Dass Lenchen ja nicht fallen kann.

Und ist sie dann da oben fertig –
Franz ist zur Hilfe gegenwärtig.

Kurzum! Es sein nun, was es sei –
Der Vetter Franz ist gern dabei.
Indessen ganz insonderheit
Ist er voll Scherz und Lustbarkeit.

Schau, schau! Da schlupft und hupft im Grün
Ein Frosch herum! – Gleich hat er ihn!

Und setzt ihn heimlich nackt und bloß
In Nolten seine Tobaksdos'.

Wie nun der sanfte Onkel Nolte
Sich eine Prise schöpfen wollte –

Hucks da! Mit einem Satze saß
Der Frosch an Nolten seiner Nas'.

Platsch! Springt er in die Tasse gar,
Worin noch schöner Kaffee war.

Schlupp! Sitzt er in der Butterbemme
Ein kleines Weilchen in der Klemme.

Putsch!! – Ach, der Todesschreck ist groß!
Er hupft in Tante ihren Schoß.

Der Onkel ruft und zieht die Schelle:
„He, Hannchen, Hannchen, komme schnelle!"

Und Hannchen ohne Furcht und Bangen
Entfernt das Scheusal mit der Zangen.

Nun kehrt die Tante auch zum Glück
Ins selbstbewusste Sein zurück.

Wie hat Helene da gelacht,
Als Vetter Franz den Scherz gemacht!

Eins aber war von ihm nicht schön:
Man sah ihn oft bei Hannchen stehn!
Doch jeder Jüngling hat wohl mal
'n Hang fürs Küchenpersonal,
Und sündhaft ist der Mensch im Ganzen!
Wie betet Lenchen da für Franzen!!
Nur einer war, der heimlich grollte:
Das ist der ahnungsvolle Nolte.
Natürlich tut er dieses bloß
In Anbetracht der Tobaksdos'.
Er war auch wirklich voller Freud',
Als nun vorbei die Ferienzeit
Und Franz mit Schrecken wiederum
Zurück muss aufs Gymnasium.

Fünftes Kapitel

Der Liebesbrief

Und wenn er sich auch ärgern sollte,
Was schert mich dieser Onkel Nolte!"

So denkt Helene, leider Gotts!
Und schreibt dem Onkel grad zum Trotz:

„Geliebter Franz!
Du weißt es ja, Dein bin ich ganz!

Wie reizend schön war doch die Zeit,
Wie himmlisch war das Herz erfreut,

Als in den Schnabelbohnen drin
Der Jemand eine Jemandin,

Ich darf wohl sagen: herzlich küsste. –
Ach Gott, wenn das die Tante wüsste!
Und ach! wie ist es hierzuland'
Doch jetzt so schrecklich anigant!

Der Onkel ist, gottlob, recht dumm,
Die Tante nöckert so herum,

Und beide sind so furchtbar fromm;
Wenn's irgend möglich, Franz, so komm
Und trockne meiner Sehnsucht Träne!
10 000 Küsse von
Helene."

Jetzt Siegellack! – Doch weh! alsbald

Ruft Onkel Nolte donnernd: „Halt!"

Und an Helenes Nase stracks
Klebt das erhitzte Siegelwachs.

Sechstes Kapitel

Eine unruhige Nacht

In der Kammer, still und donkel,
Schläft die Tante bei dem Onkel.

Mit der Angelschnur versehen
Naht sich Lenchen auf den Zehen.

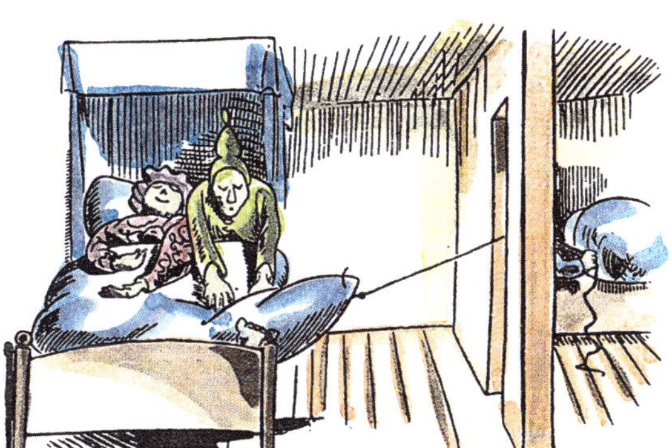

Zupp! – Schon lüftet sie die Decke
Zu des Onkels großem Schrecke.

Zupp! – Jetzt spürt die Tante auch
An dem Fuß den kalten Hauch.

„Nolte!" – ruft sie – „Lasse das,
Denn das ist ein dummer Spaß!"

Und mit Murren und Gebrumm
Kehrt man beiderseits sich um.

Schnupp! – Da liegt man gänzlich bloß
Und die Zornigkeit wird groß;

Und der Schlüsselbund erklirrt,
Bis der Onkel flüchtig wird.

Autsch! Wie tut der Fuß so weh!
An der Angel sitzt der Zeh.

Lene hört nicht auf zu zupfen,
Onkel Nolte, der muss hupfen.

Lene hält die Türe zu.
Oh, du böse Lene du!

Stille wird es nach und nach,
Friede herrscht im Schlafgemach.

Am Morgen aber ward es klar,
Was nachts im Rat beschlossen war.
Kalt, ernst und dumpf sprach Onkel Nolte:
„Helene, was ich sagen wollte: – “

„Ach!“ – rief sie – !Ach! Ich will es nun
Auch ganz gewiss nicht wieder tun!“

„Es ist zu spät! – drum stantepeh
Pack deine Sachen! – So! – Ade!“

Siebtes Kapitel

Interimistische Zerstreuung

Ratsam ist und bleibt es immer
Für ein junges Frauenzimmer,
Einen Mann sich zu erwählen
Und womöglich zu vermählen.

Erstens: will es so der Brauch.
Zweitens: will man’s selber auch.
Drittens: man bedarf der Leitung
Und der männlichen Begleitung;

Weil bekanntlich manche Sachen,
Welche große Freude machen,
Mädchen nicht allein verstehn;
Als da ist: ins Wirtshaus gehn. –

Freilich oft, wenn man auch möchte,
Findet sich nicht gleich der Rechte;
Und derweil man so allein,
Sucht man sonst sich zu zerstreu’n.

Lene hat zu diesem Zwecke
Zwei Kanari in der Hecke,

Welche Niep und Piep genannt.
Zierlich fraßen aus der Hand
Diese goldignetten Mätzchen;

Aber Mienzi hieß das Kätzchen.

Einstens kam auch auf Besuch
Kater Munzel, frech und klug.

Alsobald so ist man einig. –
Fest entschlossen, still und schleunig

Ziehen sie voll Mörderdrang
Niep und Piep die Hälse lang.

Drauf so schreiten sie ganz heiter
Zu dem Kaffeetische weiter. –

Mienzi mit den sanften Tätzchen
Nimmt die guten Zuckerplätzchen.
Aber Munzels dicker Kopf
Quält sich in den Sahnetopf.
Grad kommt Lene, welche drüben
Eben einen Brief geschrieben,
Mit dem Licht und Siegellack
Und bemerkt das Lumpenpack.

Mienzi kann noch schnell enteilen,
Aber Munzel muss verweilen;

Denn es sitzt an Munzels Kopf
Festgeschmiegt der Sahnetopf.

Blindlings stürzt er sich zur Erd'.
Klacks! – Der Topf ist nichts mehr wert.

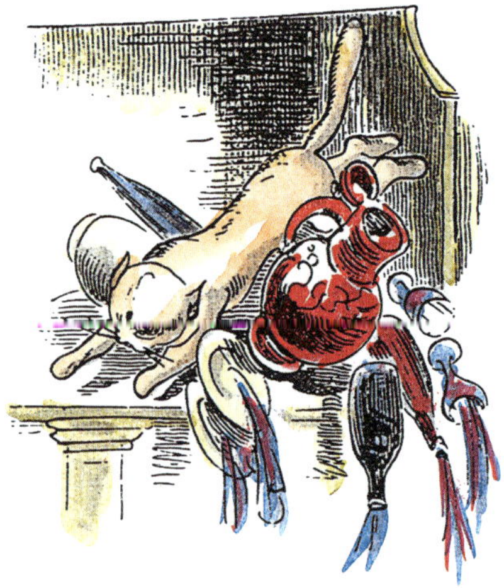

Aufs Büfett geht es jetzunder;
Flaschen, Gläser – alles runter!

Sehr in Ängsten sieht man ihn

Aufwärts sausen am Kamin.
Ach! – Die Venus ist perdü –
Klickeradoms! – von Medici!

Weh! Mit einem Satze ist er
Vom Kamine an dem Lüster;

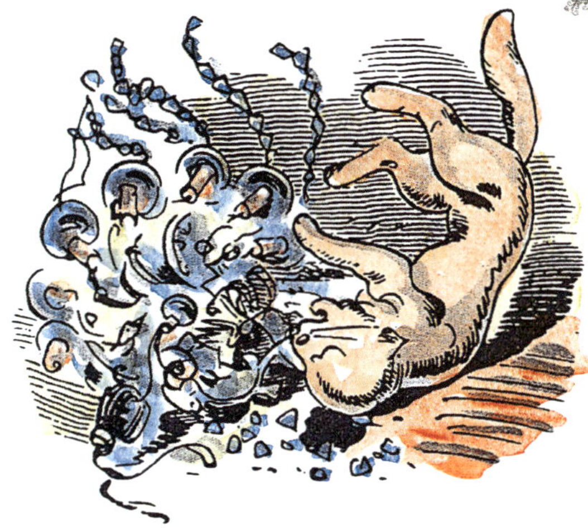

Und da geht es Klingelingelings!
Unten liegt das teure Dings.

Schnell sucht Munzel zu entrinnen,
Doch er kann nicht mehr von hinnen. –

Wehe, Munzel! – Lene kriegt
Tute, Siegellack und Licht.

Allererst tut man die Tute
An des Schweifs behaarte Rute;

Dann das Lack, nachdem's erhitzt,
Auf die Tute, bis sie sitzt.

Drauf hält man das Licht daran,
Dass die Tute brennen kann.

Jetzt lässt man den Munzel los. –
Mau! – Wie ist die Hitze groß!

Achtes Kapitel

Der Heiratsentschluss

Wenn's einer davon haben kann,
So bleibt er gerne dann und wann
Des Morgens, wenn das Wetter kühle,
Noch etwas liegen auf dem Pfühle.
Und denkt sich so in seinem Sinn:
Na, dämm're noch'n bissel hin!
Und denkt so hin und denkt so her,
Wie dies wohl wär, wenn das nicht wär. –
Und schließlich wird es ihm zu dumm. –
Er wendet sich nach vorne um,
Kreucht von der warmen Lagerstätte
Und geht an seine Toilette.

Die Propertät ist sehr zu schätzen,
Doch kann sie manches nicht ersetzen. –

Der Mensch wird schließlich mangelhaft.

Die Locke wird hinweggerafft. –

Mehr ist hier schon die Kunst zu loben.

Denn Schönheit wird durch Kunst gehoben. –

Allein auch dieses, auf die Dauer,
Fällt doch dem Menschen schließlich sauer. –

„Es sei!“, sprach Lene heute früh –
„Ich nehme Schmöck und Kompanie!“

G. J. C. Schmöck, schon längst bereit,
Ist dieserhalb gar hocherfreut.
Und als der Frühling kam ins Land,
Ward Lene Madam Schmöck genannt.

Neuntes Kapitel

Die Hochzeitsreise

’S war Heidelberg, das sich erwählten
Als Freudenort die Neuvermählten. –

Wie lieblich wandelt man zu zwei’n
Zum Schloss hinauf im Sonnenschein.

„Ach, sieh nur mal, geliebter Schorsch!
Hier diese Trümmer, alt und morsch!“

„Ja!“ – sprach er – „Aber diese Hitze!
Und fühle nur mal, wie ich schwitze!“

Ruinen machen vielen Spaß. –
Auch sieht man gern das große Fass.

Und – alle Ehrfurcht! – muss ich sagen,
Alsbald, so sitzt man froh im Wagen

Und sieht das Panorama schnelle
Vorüberziehn bis zum Hotelle;

Denn Spargel, Schinken, Koteletts
Sind doch mitunter auch was Nett's.

„Pist!! Kellner! Stell'n Sie eine kalt!
Und, Kellner! Aber möglichst bald!"

Der Kellner hört des Fremden Wort.
Es saust der Frack. Schon eilt er fort.

Wie lieb und luftig perlt die Blase
Der Witwe Klicko in dem Glase. –

Gelobt seist du vieltausendmal!
Helene blättert im Journal.

„Pist! Kellner! Noch einmal so eine!“ –
– Helenen ihre Uhr ist neune. –

Der Kellner hört des Fremden Wort.
Es saust der Frack. Schon eilt er fort.

Wie lieb und luftig perlt die Blase
Der Witwe Klicko in dem Glase.

„Pist! Kellner! Noch so was von den!“ –
– Helenen ihre Uhr ist zehn. –

Schon eilt der Kellner emsig fort. –
Helene spricht ein ernstes Wort. –

Der Kellner leuchtet auf der Stiegen.
Der fremde Herr ist voll Vergnügen.

Pitsch! – Sieh da! Er löscht das Licht.

Plums! Liegt er da und rührt sich nicht.

Zehntes Kapitel

Löbliche Tätigkeit

Viele Madams, die ohne Sorgen,
In Sicherheit und wohlgeborgen,
Die denken: Pah! Es hat noch Zeit! –
Und bleiben ohne Frömmigkeit. –

Wie lobenswert ist da Helene!
Helene denkt nicht so wie jene. –
Nein, nein: sie wandelt oft und gerne
Zur Kirche hin, obschon sie ferne.

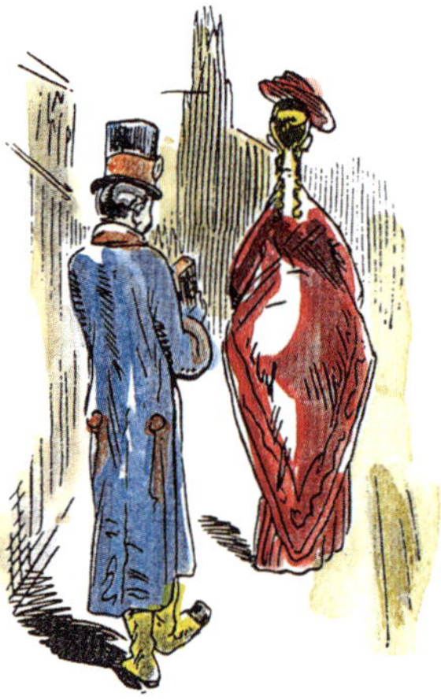

Und Jean mit demutsvollem Blick,
Drei Schritte hinterwärts zurück,
Das Buch der Lieder in der Hand,
Folgt seiner Herrin unverwandt.

Doch ist Helene nicht allein
Nur auf sich selbst bedacht. – O nein! –
Ein guter Mensch gibt gerne Acht,
Ob auch der andre was Böses macht;
Und strebt durch häufige Belehrung
Nach seiner Bess'rung und Bekehrung.

„Schang!" – sprach sie einstens – „Deine Taschen
Sind oft so dick! Schang! Tust du naschen?

Ja, siehst du wohl! Ich dacht es gleich!
O Schang! Denk an das Himmelreich!"

Dies Wort drang ihm in die Natur,
Sodass er schleunigst Bess'rung schwur.

Doch nicht durch Worte nur allein
Soll man den andern nützlich sein. –

Helene strickt die guten Jacken,
Die so erquicklich für den Nacken;
Denn draußen wehen raue Winde. –
Sie fertigt auch die warme Binde;
Denn diese ist für kalte Mägen
Zur Winterszeit ein wahrer Segen. –
Sie pflegt mit herzlichem Pläsier
Sogar den fränk'schen Offizier,
Der noch mit meh'ren dieses Jahr
Im Deutschen Reiche sesshaft war. –
Besonders aber tat ihr leid
Der armen Leute Bedürftigkeit. –
Und da der Arzt mit Ernst geraten,
Den Leib in warmem Wein zu baden,

So tut sie's auch.

Oh, wie erfreut
Ist nun die Schar der armen Leut',
Die, sich recht innerlich zu laben,
Doch auch mal etwas Warmes haben.

Elftes Kapitel

Geistlicher Rat

Viel Freude macht, wie männiglich bekannt,
Für Mann und Weib der heilige Ehestand!
Und lieblich ist es für den Frommen,
Der die Genehmigung dazu bekommen,
Wenn er sodann nach der üblichen Frist
Glücklicher Vater und Mutter ist. –
– Doch manchmal ärgert man sich bloß,
Denn die Ehe bleibt kinderlos. –

– Dieses erfuhr nach einiger Zeit
Helene mit großer Traurigkeit. –

Nun wohnte allda ein frommer Mann,
Bei Sankt Peter dicht nebenan,
Von Frau'n und Jungfrau'n weit und breit
Hochgepriesen ob seiner Gelehrsamkeit. –
(Jetzt war er freilich schon etwas kränklich.)

„O meine Tochter!" – sprach er bedenklich –
„Dieses ist ein schwierig' Kapitel;
Da helfen allein die geistlichen Mittel!
Drum, meine Beste, ist dies mein Rat:
Schreite hinauf den steilen Pfad
Und folge der seligen Pilgerspur
Gen Chosemont de bon secours,
Denn dorten, berühmt seit alter Zeit,
Stehet die Wiege der Fruchtbarkeit.
Und wer allda sich hinverfügt,
Und wer allda die Wiege gewiegt,
Der spürete bald nach selbigter Fahrt,
Dass die Geschichte anders ward.

Solches hat noch vor etzlichen Jahren
Leider Gotts! eine fromme Jungfer erfahren,
Welche, indem sie bis dato in diesen
Dingen nicht sattsam unterwiesen,
Aus Unbedacht und kindlichem Vergnügen
Die Wiege hat angefangen zu wiegen. –
Und ob sie schon nur ein wenig gewiegt,
Hat sie dennoch ein ganz kleines Kind gekriegt. –

Auch kam da ein frecher Pilgersmann,
Der rühret aus Vorwitz die Wiegen an.
Darauf nach etwa etzlichen Wochen,
Nachdem er dieses verübt und verbrochen,
Und – Doch, meine Liebe, genug für heute.
Ich höre, dass es zur Metten läute.
Addio! Und – Trost sei dir beschieden!
Zeuge hin in Frieden!"

Zwölftes Kapitel

Die Wallfahrt

Hoch von gnadenreicher Stelle
Winkt die Schenke und Kapelle. –

Aus dem Tale zu der Höhe,
In dem seligen Gedränge
Andachtsvoller Christenmenge
Fühlt man froh des andern Nähe;

Denn hervor aus Herz und Munde,
Aus der Seele tiefstem Grunde
Haucht sich warm und innig an
Pilgerin und Pilgersmann. –

Hier vor allen, schuhbestaubt,
Warm ums Herze, warm ums Haupt,
Oft erprobt in ernster Kraft,
Schreitet die Erzgebruderschaft.

Itzo kommt die Jungferngilde,
Auf den Lippen Harmonie, –
In dem Busen Engelsmilde,
In der Hand das Paraplü. –

Oh, wie lieblich tönt der Chor!
Bruder Jochen betet vor. –
Aber dort im Sonnenscheine
Geht Helene traurig-heiter,
Sozusagen, ganz alleine,

Denn ihr einziger Begleiter,
Stillverklärt im Sonnenglanz,
Ist der gute Vetter Franz,
Den seit Kurzem die Bekannten
Nur den „heil'gen" Franz benannten. –
Traulich wallen sie zu zweit
Als zwei fromme Pilgersleut.

Gott sei Dank, jetzt ist man oben!
Und mit Preisen und mit Loben
Und mit Eifer und Bedacht
Wird das Nötige vollbracht.

Freudig eilt man nun zur Schenke,
Freudig greift man zum Getränke,
Welches schon seit langer Zeit
In des Klosters Einsamkeit
Ernstbesonnen, stillvertraut,
Bruder Jakob öfters braut.

Hierbei schaun sich innig an
Pilgerin und Pilgersmann.

Endlich nach des Tages Schwüle
Naht die sanfte Abendkühle.

In dem gold'nen Mondenscheine
Geht Helene froh und heiter,
Sozusagen, ganz alleine,
Denn ihr einziger Begleiter,
Stillverklärt im Mondesglanz,
Ist der heil'ge Vetter Franz.
Traulich ziehn sie heim zu zweit
Als zwei gute Pilgersleut. –

Doch die Erzgebruderschaft
Nebst den Jungfern tugendhaft,
Die sich etwas sehr verspätet,
Kommen jetzt erst angebetet.
Oh, wie lieblich tönt der Chor!
Bruder Jochen betet vor.

Schau, da kommt von ungefähr
Eine Droschke noch daher. –

Er, der diese Droschke fuhr,
Frech und ruchlos von Natur,
Heimlich denkend: papperlapp!
Tuet seinen Hut nicht ab. –

Weh! Schon schaun ihn grollend an
Pilgerin und Pilgersmann. –
Zwar der Kutscher sucht mit Klappen
Anzuspornen seinen Rappen,

Aber Jochen schiebt die lange
Jungfernbundesfahnenstange
Durch die Hinterräder quer –

Schrupp! – und's Fuhrwerk geht nicht mehr.

Bei den Beinen, bei dem Rocke
Zieht man ihn von seinem Bocke;

Jungfer Nanni mit der Krücke
Stößt ihn häufig ins Genicke.
Aber Jungfer Adelheid
Treibt die Sache gar zu weit,

Denn sie sticht in Kampfeshitze
Mit des Schirmes scharfer Spitze;

Und vor Schaden schützt ihn bloß
Seine warme Lederhos'. –

Drauf so schaun sich fröhlich an
Pilgerin und Pilgersmann,
Fern verklingt der Jungfernchor,
Bruder Jochen betet vor. –

Doch der böse Kutscher, dem
Alles dieses nicht genehm,

Meldet eilig die Geschichte
Bei dem hohen Stadtgerichte.
Dieses ladet baldigst vor
Jochen und den Jungfernchor.

Und das Urteil wird gesprochen:
Bruder Jochen kriegt drei Wochen,
Aber Jungf- und Bruderschaften
Sollen für die Kosten haften. –

Ach! Da schaun sich traurig an
Pilgerin und Pilgersmann.

Dreizehntes Kapitel

Die Zwillinge

Wo kriegten wir die Kinder her,
Wenn Meister Klapperstorch nicht wär?

Er war's, der Schmöcks in letzter Nacht
Ein kleines Zwillingspaar gebracht.

Der Vetter Franz mit mildem Blick
Hub an und sprach: „Oh, welches Glück!
Welch kleine, freundliche Kollegen!
Das ist fürwahr zwiefacher Segen!
Drum töne zwiefach Preis und Ehr!
Herr Schmöck, ich gratuliere sehr!"

Bald drauf um zwölf kommt Schmöck herunter,

So recht vergnügt und frisch und munter.
Und emsig setzt er sich zu Tische,
Denn heute gibt's Salat und Fische.

Autsch! – Eine Gräte kommt verquer,
Und Schmöck wird blau und hustet sehr;

Und hustet, bis ihm der Salat
Aus beiden Ohren fliegen tat.

Bums! Da! Er schließt den Lebenslauf.
Der Jean fängt schnell die Flasche auf.

„Oh!“ – sprach der Jean – „es ist ein Graus!
Wie schnell ist doch das Leben aus!“

DREIZEHNTES KAPITEL

Ein treuloser Freund

O Franz!“ – spricht Lene – und sie weint –
„O Franz! Du bist mein einz’ger Freund!“
„Ja!“ – schwört der Franz mit mildem Hauch –
„Ich war’s, ich bin’s und bleib es auch!

Nun gute Nacht! Schon tönt es zehn!
Will’s Gott! Auf baldig Wiedersehn!“

Die Stiegen steigt er sanft hinunter. –
Schau, schau! Die Kathi ist noch munter.

Das freut den Franz. – Er hat nun mal
’n Hang fürs Küchenpersonal.

Der Jean, der heimlich näher schlich,
Bemerkt die Sache zorniglich.

Von großer Eifersucht erfüllt,
Hebt er die Flasche rasch und wild.

Und – Kracks! es dringt der scharfe Schlag
Bis tief in das Gedankenfach.

’s ist aus! – Der Lebensfaden bricht. –
Helene naht. – Es fällt das Licht. –

Vierzehntes Kapitel

Die Reue

Ach, wie ist der Mensch so sündig! –
Lene, Lene! Gehe in dich! –

Und sie eilet tief erschüttert
Zu dem Schranke schmerzdurchzittert.

Fort! Ihr falschgesinnten Zöpfe,
Schminke und Pomadetöpfe!

Fort! Du Apparat der Lüste,
Hochgewölbtes Herzgerüste!

Fort vor allem mit dem Übel
Dieser Lust- und Sündenstiebel!

Trödelkram der Eitelkeit,
Fort, und sei der Glut geweiht!

O wie lieblich sind die Schuhe
Demutsvoller Seelenruhe!

Sieh, da geht Helene hin,
Eine schlanke Büßerin!

Sechzehntes Kapitel

Versuchung und Ende

Es ist ein Brauch von alters her:
Wer Sorgen hat, hat auch Likör!

„Nein!“ – ruft Helene – „Aber nun
Will ich’s auch ganz – und ganz – und ganz –
und ganz gewiss nicht wieder tun!“

Sie kniet von ferne fromm und frisch.
Die Flasche stehet auf dem Tisch.

Es lässt sich knien auch ohne Pult.
Die Flasche wartet mit Geduld.

Man liest nicht gerne weit vom Licht.
Die Flasche glänzt und rührt sich nicht.

Oft liest man mehr als wie genug.
Die Flasche ist kein Liederbuch.

Gefährlich ist des Freundes Nähe.
O Lene, Lene! Wehe, wehe!

O sieh! – Im sel'gen Nachtgewande
Erscheint die jüngstverstorb'ne Tante.

Mit geisterhaftem Schmerzgetöne –
„Helene!“ – ruft sie – „Oh, Helene!!!“

Umsonst! – Es fällt die Lampe um,
Gefüllt mit dem Petroleum.

Und hilflos und mit Angstgewimmer
Verkohlt dies fromme Frauenzimmer.

Hier sieht man ihre Trümmer rauchen,
Der Rest ist nicht mehr zu gebrauchen.

Siebzehntes Kapitel

Triumph des Bösen

Hu! Draußen welch ein schrecklich Grausen!
Blitz, Donner, Nacht und Sturmesbrausen! –

Schon wartet an des Hauses Schlote
Der Unterwelt geschwänzter Bote.

Zwar Lenens guter Genius
Bekämpft den Geist der Finsternus,

Doch dieser kehrt sich um und packt
Ihn mit der Gabel zwiegezackt.

O weh, o weh! Der Gute fällt!
Es siegt der Geist der Unterwelt.

Er fasst die arme Seele schnelle

Und fährt mit ihr zum Schlund der Hölle.

Hinein mit ihr! – Huhu! Haha!
Der heil'ge Franz ist auch schon da.

Schluss

Als Onkel Nolte dies vernommen,
War ihm sein Herze sehr beklommen.

Doch als er nun genug geklagt:
„Oh!" – sprach er – „Ich hab's gleich gesagt!

Das Gute – dieser Satz steht fest –
Ist stets das Böse, was man lässt!

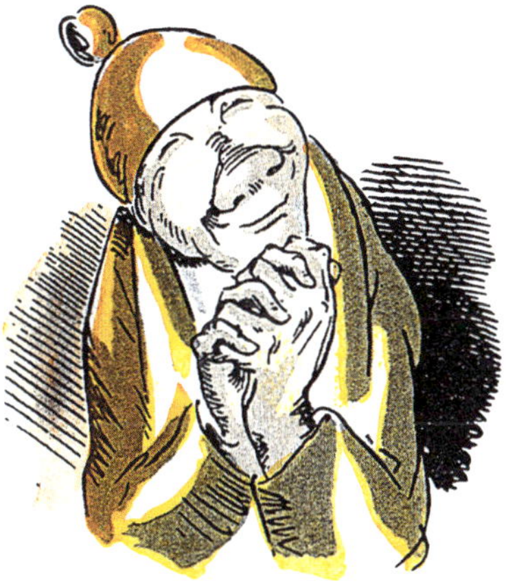

Ei, ja! – Da bin ich wirklich froh!
Denn, Gott sei Dank! ich bin nicht so!!"

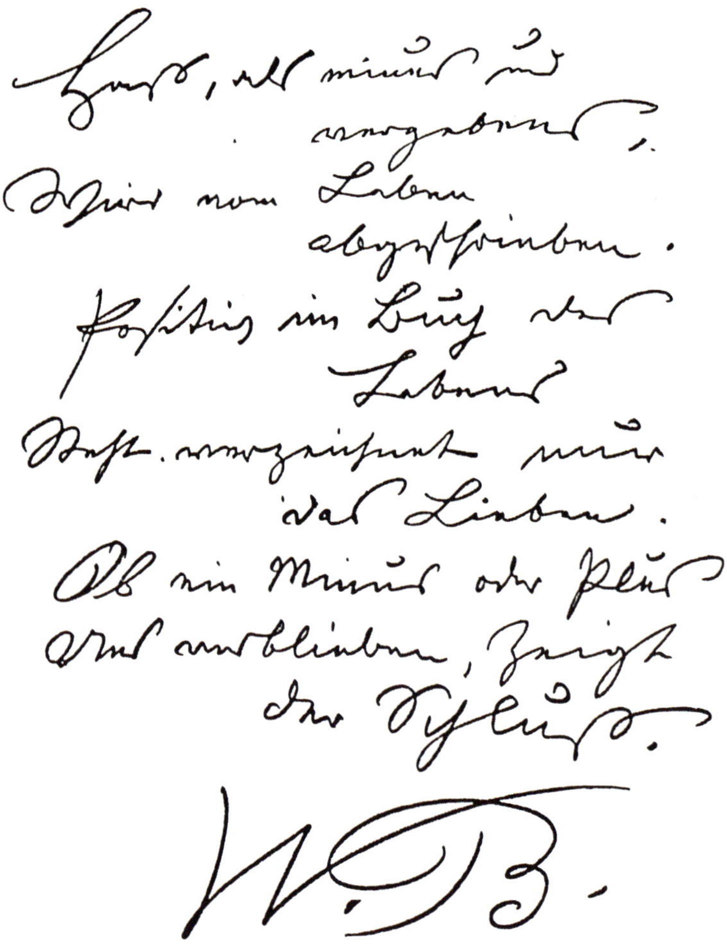
Haß, als minus und vergebens,
Wird vom Leben abgeschrieben.
Positiv im Buch des Lebens
Steht verzeichnet nur das Lieben.
Ob ein Minus oder Plus
Uns verblieben, zeigt der Schluß.
W. B.

Hass, als Minus und vergebens,
Wird vom Leben abgeschrieben.
Positiv im Buch des Lebens
Steht verzeichnet nur das Lieben.
Ob ein Minus oder Plus
Uns verblieben, zeigt der Schluss.